犹太人的经商智慧课

王大志/著

中华工商联合出版社

图书在版编目（CIP）数据

犹太人的经商智慧课 / 王大志著. -- 北京：中华
工商联合出版社，2020.2
ISBN 978-7-5158-2690-5

Ⅰ.①犹… Ⅱ.①王… Ⅲ.①犹太人-商业经营-经
验 Ⅳ.①F715

中国版本图书馆CIP数据核字（2019）第 291898 号

犹太人的经商智慧课

作　　者：	王大志
出品人：	李　梁
责任编辑：	吕　莺 董　婧
装帧设计：	周　源
责任审读：	李　征
责任印制：	迈致红
出版发行：	中华工商联合出版社有限责任公司
印　　刷：	河北飞鸿印刷有限公司
版　　次：	2020 年 6 月第 1 版
印　　次：	2020 年 6 月第 1 次印刷
开　　本：	16 开
字　　数：	128 千字
印　　张：	15.5
书　　号：	ISBN 978－7－5158－2690－5
定　　价：	36.80 元

服务热线：010－58301130－0（前台）
销售热线：010－58301132（发行部）
　　　　　010－58302977（网络部）
　　　　　010－58302837（馆配部）
　　　　　010－58302813（团购部）
地址邮编：北京市西城区西环广场 A 座
　　　　　19－20 层，100044
http://www.chgslcbs.cn
投稿热线：010－58302907（总编室）
投稿邮箱：1621239583@qq.com

工商联版图书
版权所有　侵权必究

凡本社图书出现印装质量问
题，请与印务部联系。
联系电话：010－58302915

目录

001 | 第一章
思想解放，才是成功的基础

目录

目录

目录

目录

犹太人的
经商智慧课

第一章

思想解放，
才是成功的基础

会思考，善思考，离成功最近

犹太民族经典著作《塔木德》有言："你只要活着，思考智慧就永远跟着你。"的确，人拥有了思考智慧就等于拥有了一切，世界上除了自然界，几乎都是人凭借智慧所创造出来的。

犹太人之所以能成为享誉世界的财富大亨，跟他们的开放思考智慧是分不开的。犹太人开放的思考决定了他们的"钱袋"，成就了他们的财富人生。

犹太人认为，世界上任何东西都是有价的，都是能用金钱得到的，唯有思考是无价之宝。拥有了开放的思考智慧，就拥有了财富、地位，甚至权力。犹太人还认为，开放的思考可以让人失而复得，即使失去一切，通过开放的思考，也可产生智慧，智慧能让自己东山再起。有这么一个故事：

战火烧到了犹太人的居住区，一个女孩哭着寻找她最爱的东西，妈妈看到后，跑到她身边对她说："孩子，你最宝贵的东西一直都在你自己的身上，你无须再寻找什么了，就算战争夺走了我们的家园，我们也不用太难过！金银财宝都是身外之物。人最宝贵的东西是思考，因为思考是与生命连在一起的，所以，只要活着就有机会将思考智慧无限地运用，而一个人有了智慧，还怕会没有金钱、没有房子、没有家园吗？所以我们要带走的只有自己的思考智慧！"

犹太人最看重思考的智慧，他们认为，没有思考智慧的人不会有大成就，没有思考智慧的商人无法赚到大钱。犹太商人最看不起不动脑子的商人，犹太商人大都学识渊博、头脑灵敏。人们只要与犹太商人在一起，就会发现他们大多非常健谈，其渊博的知识总是让人惊愕。正是因为拥有如此渊博的学识和精明的头脑，犹太商人才会在生意场中始终立于不败之地，成为公认的"世界第一商人"。

有3个人要被关进监狱3年，监狱长许诺可以答应他们每人一个要求。美国人爱抽雪茄，便要了3箱雪茄；法国人最浪漫，希望能有一个美丽的女子相伴；而犹太人，只要一部与外界沟通的电话。

3年过后，第一个冲出来的是美国人，嘴里鼻孔里塞满了雪茄，大喊道："给我火，给我火！"原来他忘了要打火机了。

接着出来的是法国人。只见他手里抱着一个小孩，美女手里牵着一个小孩，肚子里还怀着一个。

最后出来的是犹太人，他紧紧握住监狱长的手说："这3年来我每天都与外界联系，我的生意不但没有停顿，利润反而增长了200%，为了表示感谢，我送您一辆劳斯莱斯！"

这虽然是一则笑话，但却可以从中看出犹太人的思考智慧。现实生活中，犹太人正是凭借着过人的思考智慧赢得了巨额的财富，这也是他们取得成功的基础。

《塔木德》中说："宁可变卖所有的财产，也要把女儿嫁给学者。为了能让女儿嫁给学者，就是丧失一切也无所谓。"这段话体现了犹太人对智慧的无限渴望，说明他们将智慧视作财富，渴望把自己头脑中的智慧变成手中的金钱，这就是犹太人的过人之处。

在犹太人看来，知识和金钱是成正比的，因为只有具备广博的知识才能在复杂的生意场上少犯错误，这是赚钱的根本保证，也是商人的基本素质。

犹太人大卫·布朗的父亲经营着一间小型齿轮制造厂，几十年来一直惨淡经营，收入仅够支付全家人的生活费。布朗的父亲知道自己之所以经营不好工厂，是因为缺少专业的知识储备，所以他把希望全都寄托在小布朗身上。

为此，父亲从小严格要求布朗，多读书多思考。每逢假日，父亲就带布朗到自己的齿轮厂去参加劳动，与工人们一样艰苦工作，绝无特殊照顾。布朗在工厂里工作了很长时间，逐渐掌握了许多书本外的知识，养成了独立思考的习惯。

长大后的布朗通过观察，发现当时汽车的使用率已经很高，预感汽车大赛或许会成为人们的一种娱乐方式。于是，布朗决定利用自己在齿轮业务上积累的经验，往赛车生产这个目标上去奋斗，大力发展赛车生产。就这样，布朗克服了重重困难，成立了大卫·布朗公司，不惜重金聘请专家和技术人员进行赛车设计，采用先进的技术和设备进行生产。1948年比利时举办国际汽车大赛，布朗公司生产的"马丁"牌赛车一举夺魁,大卫·布朗公司一夜成名,订单如雪片般飞来,布朗从此走上了发迹之路。

犹太人热爱财富,但他们更热爱思考智慧。如果你问犹太人什么最重要,答案一定是思考智慧。成功离不开思考智慧,经商离不开思考智慧,犹太人在长期的经商过程中将他们的聪明才智挖掘得纤毫毕现,将内在潜力发挥得淋漓尽致。

有个西班牙商人十分欣赏犹太商人的经商智慧,于是努力向犹太商人学习,同时他也取得了不小的成功——他的女式手提包生意十分红火,在服饰品贸易的经营中站稳了脚跟。后来,这名西班牙商人发现犹太人经营的钻石生意更为赚钱,于是他也想改行去做钻石生意。在做之前,这名西班牙商人进行了调研,发现身边不少西班牙人经营的钻石生意不景气,为了避免遭受同样的命运,他找到世界著名的钻石大王玛索巴士,提出了自己的疑问。

学识渊博的犹太商人玛索巴士听完西班牙商人的话后,冷不丁地问了他一句:"你知道澳大利亚海域有什么热带鱼吗?"

这名西班牙商人被这个问题弄晕了,他想这个钻石大王问这个干吗?这和钻石生意有关吗?看到西班牙商人哑口无言的样子,钻石大王语重心长地说:"做钻石生意需要具备丰富的知识，你对钻石的来源、历史、种类和品质都不了解，就不知道如何去经营，而要具备判断钻石价值的基本经验和知识就要不断地学习和积累各方知识，这至少需要20年。与钻石有关的很多事物你也要去了解，因为成功机会就在这里面，只有通过积累经验，才可以真正训练看市场抓机会的眼光。"西班牙商人听了，大为佩服钻石大王，并不禁为自己的才疏学浅而羞愧不已。虽然这名西班牙商人早就听闻犹太人经商的眼光和谋略的不同凡响，但如今听了玛索巴士的话，从心里更加佩服犹太商人，他看到了犹太商人的成功绝非一日之功可以达到。这名西班牙商人回家评估自己后，自知自己没有钻石经验的知识和积累，很难经营好钻石生意，便很自觉地远离了钻石行业。

可见，若想成为一名成功的商人，除了要让自己成为所在行业的专家以外，还要兼顾其他领域，尽可能多地掌握市场行情，这样才能为今后取得更大的成功奠定基础。

虽然世界是多变的，但思考智慧会始终陪伴一个人的一生，人拥有了思考智慧，便相当于拥有了人生最大的财富。善思考的人会发现生活的美妙所在，会用自己的智慧为自己的人生出谋划策，创造无尽的财富。

方法总比困难多

　　《塔木德》中说："上帝每制造一个困难，也会同时制造3个解决困难的方法。办法总比困难多，凡事都有解决的窍门。"

　　犹太人认为，生活中人们会遇到很多困难，很多困难会让人们感到"无比头疼"，一时找不到合适的解决方法。但困难都会是暂时的，只要开动脑筋，善于打破常规，就能找到解决方法，即使有些困难属于长期问题，不能解决也不是"困难"本身造成的，而是人的心态造成的。犹太人对于困难态度是不让困难打败自己。有这样一句话高度评价犹太人的聪明才智："3个犹太人坐在一起，就可以决定世界！"是的，犹太人的聪明才智表现在他们善于运用智慧去寻找解决困难的"窍门"，从而获得成功。

有一段时间，犹太商人杰恩作为日本凌志汽车在美国南加州的销售代理，遇到了困难，即凌志车在美国遇到了销售难题。人们因为海湾战争和社会稳定问题，拒绝日产汽车，杰恩面临失去工作的危机。

杰恩经过一番思考后，放弃了销售人员惯用的做法——继续在报纸和广播上投放大量的广告，等着人们来下订单。他认真地分析了当前应解决的问题关键之后，列出了若干条可以实施的办法，最后确定了其中的一个，作为改变传统销售形势的策略。

杰恩是这样分析的：假设一个人开过一辆新车，然后再开自己的旧车，就会发现旧车突然之间有了很多让他不满意的地方。或许之前还可以继续忍受旧车的诸多缺点，但是当他知道了还有更好的车，他会不会决定去买辆新车呢？

杰恩立刻落实他的想法。杰恩吩咐若干销售员各自开一辆凌志新车到富人常出没的地方——乡村俱乐部、码头、马球场、比佛利山庄和韦斯特莱克的聚会地等，邀请那些富人坐到崭新的凌

志车里兜风。杰恩的策略生效了。当一些富人有了新车的美妙体验以后，再坐到自己旧车里的时候，果然产生了很多抱怨，他们开始陆陆续续来购买或租用新的凌志车，杰恩的生意恢复了正常。

杰恩的新方法与传统在报纸、杂志、广播等传媒上做广告的方法比起来，其效果是立竿见影的。因为在报纸、杂志、广播等传媒上做广告，消费者无法形成直观的认识，对车的优缺点没有切身体会。而杰恩此举正是抓住了解决问题的关键，给消费者一个切身体会的机会，让他们亲身体验新车的优势，这样自然会达到更好的广告效应。由此可见，人无论做什么事情，只有抓住解决问题的关键，善于打破常规思维，就能取得突破性发展。

犹太人还经常运用自身的智慧，思考出一些令人想不到的方法，从而巧妙地解决问题，获取成功。

1956年，以色列与埃及交战。以色列军队企图夺取西奈半岛，而首要目标是埃及军队的核心要塞——米特拉山口。埃及驻西奈半岛的守军将领当然明白，一旦米特拉山口失守，那么西奈半岛也就难以掌控了。因此，埃及守军将领除了派重兵镇守山口外，还在旁侧地带安排驻军策应，以备不测。"以我们目前的守备力量来看，米特拉山口应该是万无一失了。"镇守山口的埃军各部队将领信心满满。

10月的一天，米特拉山口的埃军阵地上空，突然出现了4架以色列野马式战斗机。"不好，敌人要来偷袭我们。全体进入阵地，准备战斗！"指挥员下达了作战命令。埃军士兵纷纷进入掩体，举起自动步枪，架起高射机枪，准备射击。可是，以色列战斗机并没有对埃军阵地进行机枪扫射，也没有投下炸弹，它们轰鸣着，一会儿猛地掠地俯冲，一会儿又直插云霄。低飞时距地面不过4米高，而升起时又不见飞机的踪影。埃军官兵目瞪口呆，不明白以色列战斗机到底要干什么。"别看了，快打电话向上司报告吧！"不知是谁提醒了一句，埃及将领慌忙摇起电话，准备向上司报告。可是摇了半天，电话机就是没有声音。"天哪，那几架该死的飞机把我们的电话线给割断了。这可怎么办呢？"

原来，以军用飞机的螺旋桨和机翼将埃军的电话通信线切断了。埃军阵地一下子陷入了极大的惊慌之中，这时，一场大战开始了……

在埃军处于高度戒备状态准备奋力迎战时，以色列军队只运用了4架战斗机就巧妙地切断了埃军的电话线，使他们失去外援，让战争获胜的概率大了很多。

很简单的一个真实故事，却意义非凡。当短兵相接、真枪实战可能一时无法取胜，这时候就需要开动大脑找一些"窍门"了。犹太人认为，没有经过深思熟虑的鲁莽行事性格是最不可取的，在遇到难题或瓶颈时，既要冷静，又要沉着思考。比如可以试试以下三个方法：

一、转换问题的定义，寻找转机

遇到问题时不要太过沮丧，更不要太快放弃。与其把时间浪费在抱怨上，不如专注地思考问题的性质。而观察问题的视角不同，答案及方法自然就不同了。所以，遇到问题换个立场想一想，转个角度看一看，就能提升问题的层次、视野及境界，有助于走出盲区。

二、寻求他人的协助，尽快解决

必须打破"不有求于人"的心理障碍，善于求助才是智慧。多向他人求援求助，集众人智慧，自然多一些"出路"。

三、不钻牛角尖，冷静对待

遇到问题不钻牛角尖，暂时冷静一下，让自己有充分的思考时间。钻牛角尖、一条道走到黑、不撞南墙不回头的思维方式要坚决摒弃。

有困难必定有克服困难的方法，常言道：山重水复疑无路，柳暗花明又一村。人无论遇什么样的困难，总有办法能够解决。

生活就是解难题，解开一个难题，就向前进一步；一时解不开，或许要停顿一下，但这正是为了整理思路，从而能更好地解决难题。

人需要有迎难而上的精神，需要有着力寻找解决问题的办法；需要有勤于学习，了解新知识、掌握新技术，努力提高自己运用新方法的能力；需要有在困难面前永不言败的信心，人的智慧是伟大的，也是无限的，因此办法肯定会比困难多。

找商机，换思路，也能"致富"

《塔木德》中说："水因地而致流，兵因敌而致胜，商因机而致富。"

很多年以前，一个犹太商人对他的儿子说："现在我们唯一的财富就是智慧，当别人说一加一等于二的时候，你应该想到大于三。"

1946年，这位犹太商人一家来到美国，在休斯敦做铜器生意。一天，父亲问儿子一磅铜的价格是多少，儿子答35美分。父亲说："对，整个得克萨斯州都知道一磅铜的价格是35美分，但作为犹太人的儿子，应该说是35美元，不信，你试着把一磅铜做成门把手看看。"

20年后，父亲死了，儿子独自经营着铜器店。他做过铜鼓，做过瑞士钟表上的簧片，做过奥运会的奖牌，他曾把一磅铜卖到3500美元，这时他已是麦考尔公司的董事长。然而，真正使他扬名的，是他收购了纽约州的一堆垃圾并让垃圾变成了财富。

1974年，美国政府为清理翻新自由女神像扔下的废料，向社会广泛招标。但好几个月过去了，没人应标。正在法国旅行的那位犹太人的儿子听说后，立即飞到纽约，当他看过自由女神像下堆积如山的铜块、螺丝和木料后，未提任何条件，当即就签了字。

纽约许多运输公司对他的这一"愚蠢"举动暗自发笑，因为在纽约州，垃圾处理有着严格的规定，弄不好会受到环保组织的起诉。就在一些人要看这个人的笑话时，他开始组织工人对废料进行分类。

他让人把废铜熔化，铸成小自由女神像；把水泥块和木头加工成底座；把废铅、废铝做成纽约广场模型的钥匙。最后，他甚至把从自由女神像身上扫下来的灰包装起来，出售给花店。不到3个月的时间，他把这堆废料变成了350万美元现金，每磅铜的价格整整翻了1万倍。

灵活变通的经商原则不仅让这位犹太人发财致富，也让诸多的犹太人赚得盘满钵满，犹太人在做生意时都不会固执己见，而是适时灵活地变通策略，他们身上显示出了良好的变通能力。

一个犹太人走进纽约的一家银行，来到贷款部，坐下来。

"请问我能帮上您什么忙吗？"贷款部经理一边问，一边打量着这位一身名牌穿戴的人。

"我想借钱。"

"好啊，您要借多少？"

"1美元。"

"啊？只借1美元？"

"是的，只借1美元。可以吗？"

"当然可以，只要有担保，再多点儿也无妨。"

"好吧，这些担保可以吗？"犹太人说着，从豪华的皮包里取出一堆股票、国债等，放在经理的写字台上，接着说："总共50万美元，够了吧？"

"当然！当然！不过，您真的只借1美元吗？"

"是的。"

"年息为6%。只要您付出6%的利息，一年后归还，我们就会把这些东西还给您。"

"谢谢。"犹太人接过了1美元贷款书。然后，准备离开银行。

银行行长一直在旁边冷眼观看，他怎么也弄不明白，拥有50万美元的人，怎么会来银行借1美元。他匆匆忙忙地赶上前去，对犹太人说："这位先生……"

"有什么事吗？"

"是的，我有个问题想向您请教。我实在想不明白，您拥有50万美元，为什么只借1美元呢？要是您想借三四十万美元的话，我们也会很乐意……"

"不必了。我来贵行之前，问过好几家银行，他们保险箱的租金都很昂贵。所以嘛，我就准备在贵行寄存这些股票、国债等。贵行租金实在太便宜了，一年只需花6美分。"

这个故事虽然听上去有些荒唐，但却反映出了犹太人极强的变通能力。依照常理，贵重物品应保存在金库的保险箱里，但对许多人来说，这可能是唯一的选择。然而这个犹太商人没有受限于常情常理，而是独辟蹊径，找到了既保险又不需付出太多就能让财富锁进银行保险箱的办法。

通常情况下，人们进行抵押的目的大多是为了借款，并希望以尽可能少的抵押物争取尽可能多的贷款。而银行为了保证贷款的安全或获利，都以低于物品实际价值的款项贷给抵押人。然而，就是银行的贷款规则，激发了上面故事中的那个犹太人的变通思维：自己是为抵押而借款的，借款利息是不得不付出的"保管费"，既然对借款额下限没有明确的规定，自己当然可以只借1美元，从而将"保管费"降至6美分。

这位聪明的犹太商人给我们的最大启示就是——他是个精明的商人，但又是个守规矩的商人，他能在不改变规则的前提下，灵活地让规则为其所用。

犹太人认为，做一个精明的商人，必须头脑灵活，善于变通，才能为自己谋取最大的利益。犹太人是这么想的，也是这么做的，他们以自己的智慧，灵活变通的行事方式，为自己带来了很多的实际利益。还有这样一个故事：

伊万酒兴大发，向村里的一个犹太人借了一枚银币。他们双方商量了条件：伊万明年还两个银币，在此期间伊万需把自己的斧子抵押给犹太人。伊万刚要走，犹太人叫住他："伊万，等一等，我想起一件事，我觉得到明年要凑足两个银币对你来说有些困难，你现在先付一半不是更好吗？"伊万觉得犹太人说得对，于是便将到手的那个银币还给了犹太人，然后往家走。走到半路上，伊万觉得不对，想了一阵子，没想通，自言自语地说："怪事，银币没了，斧子没了，我还欠一个银币——可是那犹太人说的蛮有道理的。"

犹太人变通规则的能力从上面这个故事中可见一斑。很多犹太人在做事时总是按照自己的意图将规则在不违反原则的条件下转变为对己有利的事物，从而获益。而犹太商人善于应变的能力更是让他们在商道中如鱼得水，屡战屡胜，这也是他们成功的原因之一。

《塔木德》中说："成功没有捷径可走，但是却可以有很多路径供人选择。"是的，善于变通的人，永远不会把自己逼至墙角。

2001年5月的一天，美国有一位名叫乔治·赫伯特的推销员，成功地把一把旧斧子推销给了布什总统，从而获得布鲁金斯学会的"金靴奖"。

布鲁金斯学会的"金靴奖"是推销界的"奥斯卡奖"，在乔治得奖之前，它的得主已空缺了26年。

克林顿当政期间，该学会曾推出一个题目：请把一条三角内裤推销给现任总统。8年间，无数的学员为此绞尽脑汁，最后都无功而返，克林顿卸任后，该学会把题目换成：请把一个斧子推销给布什总统。

很多人照着以前的老思路，认为当今总统什么也不缺，即使缺什么，也用不着他亲自去购买；退一万步说，即使总统亲自买，也不一定正赶上你去推销的时候。

正是这件在很多人看来是不可能做到的事，乔治·赫伯特却做到了。原来乔治·赫伯特给布什总统写了一封信，信中说：

"有一次，我有幸参观了您的农场（布什在得克萨斯州有一个农场），发现里面种着的许多树有些已经死掉，有些木质开始变得松软。我想，您一定需要一把斧子清理，但是从您现在的身体来看，小斧子显然太轻，因此您需要一把不甚锋利的老斧子，而我这儿正好有一把，它是我祖父留给我的，很适合砍伐枯树……"

后来，乔治收到了布什总统15美元的汇款，而乔治也获得了刻有"伟大的推销员"字样的一只"金靴子"。

有些时候，找到了商机，并不能代表会成功，还需要变换自己的思路，因为懂得变通的人才会让自己有大发展。

善于变通与思考是密不可分的，也许你会突然灵光一现，发现机会，但这毕竟不是常有的事，而思考则是发现机会最好的方式，也是变通的基础。人要让自己的大脑常常处于思考的状态，才能训练自己的思维独辟蹊径。如果人不勤于思考，总安于现状，或凡事照搬自己以往经验或别人的经验，遇到挫折与困难时坐等"援兵"，那么，在学习和工作中就无法主动思考，当然处事时也做不到灵活变通。

有时候，人们在做一件事情时经常会因为方法不当而走入"死胡同"。这时候，如果转换一下思路，或许就能让"死胡同"变成通途。当然，有些人不懂转变的重要性，或解放思想不够，一味地按照原有的思路走，撞南墙仍不"回头"，这就不是坚持，而是愚蠢了，这样的结果会使自己的路越走越窄，甚至出现无路可走，而思维进入越加固化之中，眼界会越来越狭窄，人变得更加顽固。

在微软，每一次面试通常都会有多位微软的面试官参加。每一位面试官都要事先被分配好任务，比如，有的人会出智力方面的问题，有的人会考应聘者的反应速度，有的人会测试应聘者的创造力及独立思想的能力，有的人会考察应聘者与人相处的能力及团队精神，还有的人会深入地问一些研究领域或开发能力的问题。在测试独立思考和善于变通的能力时，面试官会提问以下的问题：

请评价微软公司电梯的人机界面。

为什么下水道的盖子是圆的？

请估计一下某地共有多少家加油站？

……

这些问题不一定有正确的答案，但是提问它们由此可测出一个人的思维和独立思考的能力。这类题每个人都可以轻松地回答，但回答好却非常不易，而且这类题目事先也是无法准备的。

当然，灵活变通不是投机取巧，耍小聪明。善于变通的人，也不是圆滑、不负责、"墙头草"之类的人。人生路上，能够使难成之事心想事成，让自己的旅途处处顺心，一定要学会变通技巧；变通，能够使人在紧要关头有化险为夷的能力，更要让自己在社交中做到广结友，善团结。

善于变通，带来的是成功，是发展；不善于变通，带来的是停滞，甚至是死亡。"变通"一词，先有"变"后有"通"，即只有变才能通。所以，让我们学会变通，善于变通吧，它将使我们眼前的路更宽，使我们头上的天更蓝！

激发创新的潜能，让自己变得更有能力

《塔木德》中说："开锁不能总用钥匙，解决问题不能总靠常规的方法。"这句话来源于一个古老的故事。

从前有一个犹太富翁，他有两个儿子。孩子们大了，犹太富翁也老了。富翁开始苦苦思索，到底让哪个儿子继承遗产，富翁始终拿不定主意。一天，想起自己年轻时白手起家创业的事来，富翁忽然灵机一动，找到了考验儿子们的好办法。富翁把两个儿子带到100里外的一座城市，然后交给两个儿子一人一大串钥

匙、一匹快马，看谁先回到家，并把家门打开。两个儿子接受任务后，上马飞驰，马跑得飞快，兄弟俩几乎是同时到家的。但是面对紧锁的大门，两个人都犯愁了。哥哥开始左试右试，慌乱地从一大串钥匙中寻找最合适开锁的那把；弟弟呢，由于他刚才光顾了赶路，钥匙不知什么时候丢了。

两个人急得满头大汗。突然，弟弟一拍脑门，有了办法，他找来一块石头，几下子就把锁砸开，先顺利地进去了。

自然，富翁家产的继承权也落在了弟弟手里。

犹太人认为，在一般情况下，按常规办事并没有错。但是，当常规已经不适应变化了的新情况时，就应解放思想，打破常规，学会创新，独辟蹊径。心理学研究表明，人们平时所使用的能力，只是所具有能力的2%～5%。大多的潜能都沉睡于人的大脑之中。所以，人要有打破常规的创造性思维，发掘潜能，让自己变得更有能力。

怎样才能打破常规、发挥潜能呢？《伊索寓言》里的一个小故事给了我们一个形象的解释。

在一个暴风雨的日子，有一个穷人到富人家讨饭。

"走开！"仆人说，"不要来打搅我们。"

穷人说："只要让我进去，在你们的火炉旁烤干衣服就行了。"仆人认为这不需要花费什么，就让穷人进去了。

穷人在烤衣服时，请求厨娘给他一个小锅，以便他可以煮点儿石头汤喝，因为他实在太饿了。

"石头汤？"厨娘感到很奇怪，"我要看看你怎样把石头做成汤。"于是她答应了穷人的要求。穷人到院里捡了几块儿石头，洗净后便放在锅里煮。

"可是，你总得放点儿盐吧。"厨娘看着锅里的石头说。她给了穷人一些盐，后来又给了穷人一点豌豆、薄荷、香菜。最后，在穷人的要求下，厨娘把能够找到的碎肉末都放进了锅里。

当然，您也许能猜到，这个穷人后来把石头捞出来仍扔回院里，他美美地喝了一锅肉汤。

如果这穷人开始便对仆人说："行行好吧！请给我一锅肉汤。"他会得到什么结果呢？毋庸置疑，他肯定什么也得不到，但穷人以不同寻常的做法为自己赢得了所需要的东西。由此可见，打破常规、发掘潜能或许并不需要有天才的头脑，但需要有智慧和另辟蹊径的思考，这样才能做出令人耳目一新的事情。

保加利亚队与捷克斯洛伐克队曾在欧洲进行过一场篮球锦标

赛。当比赛剩下8秒钟时，保加利亚队以2分领先，一般说来，此时保加利亚队已稳操胜券。但是，这次比赛采用的是循环制，保加利亚队必须赢球超过5分才能取胜。可要用仅剩的8秒钟再赢3分，谈何容易？这时，保加利亚队的教练突然请求暂停比赛。许多人对此举付之一笑，认为保加利亚队大势已去，被淘汰是不可避免的，教练即使有回天之力，也很难力挽狂澜。可是，当比赛重新开始时，球场上发生了意想不到的事情：只见保加利亚队拿球的队员突然运球向自家篮下跑去，并迅速起跳投篮，球应声入网。这时，全场观众目瞪口呆，全场比赛时间到。裁判员宣布双方打成平局需要加时赛时，大家才恍然大悟。保加利亚队这出人意料之举，为自己创造了一次起死回生的机会。加时赛的结果，保加利亚队领先对手6分，如愿以偿地出线了！

保加利亚队教练没有受思维定势的束缚，巧妙地从传统思维的枷锁中跳出来，自己往自己篮筐里投球，获得加时赛的机会，最后赢得胜利。

经验固然重要，但不固守经验，才能获得更多的成功机会。在现实工作、生活中，人们要善于打破常规思维的束缚，发掘潜能，因为这对于一个人的成败具有着非凡的意义。

美国加州有一家老牌大饭店，该饭店的电梯过于狭小老旧，已经无法适应越来越大的客流量。老板准备配备一部新电梯，老板请来全国著名的建筑师和工程师，一起探讨该如何修建电梯。这些建筑师和工程师的经验都很丰富，他们足足讨论了半天，最后得出一致结论：饭店必须停业半年，才能在每个楼层打洞，安装电梯。

"除此之外就没有其他办法了吗？"老板皱着眉头说，"要知道，那样会损失很大数量的营业额。"但建筑师和工程师们坚持认为这已是最好的方案。就在这时，饭店里的一位清洁工刚好经过，听到他们的话，他说："要是我，就会直接在屋外装上电梯。"

所有的人都被清洁工的话震惊了，老板记住了这句话。第二天，饭店开始在外面安装新电梯。这在建筑史上，也是第一次把电梯安装在室外。从此，室外电梯应运而生。

人类的创新能力可以说是最伟大的奇迹，一个人每天都会做出许许多多的选择和决定，而每次做选择和决定都是激发创意的好机会。所以，大胆尝试新方法，虽然有些新方法有时不能"药到病除"，但是尝试得越多，成功的概率就会越大。

承受力是成大事者必备的能力

《塔木德》中说："要能承受发生的事情，要能忍耐贫穷带来的变故。"

曾有一个犹太人被问到成功的秘诀时，他笑着说："没有什么所谓的秘诀和技巧，如果非要一个答案的话，我只能真诚地告诉你四个字，那就是——有承受力。"

从生理学上说，每个人都具有一种与生俱来的承受力，这种承受力可以战胜压在身上的各种艰难困苦。

犹太人认为，冒多大的险，成多大的事；登多高的山，看多远的风景。倘若担心自己无法承受磨难而不付诸行动，那么虽然没有痛苦，但也永远无法登上成功之巅。

承受力是成大事者必须具备的能力，因为风险随时都有可能存在。如果前怕狼，后怕虎，没有一点儿承受力，那么，肯定中途就止步了。

有一位犹太人被抓进了纳粹集中营，他的生存状况无比艰辛，但他凭借着顽强的承受力活了下来。他天天刮胡子，力求让自己精精神神，即使有些时候找不到刮胡刀，他拿碎玻璃也要刮胡子，终于他等到了战争结束的那一天，他活了下来。

保持强大的承受力，就能在遇到挫折的时候，雄心不减、进步向前，不失望、不放弃。承受力是一种很重要的心理素质，心理承受能力的高低对人们的生活态度和行为有着很大的影响，在某种程度上甚至决定着人一生的命运。如果一个人悲观失望，开始怀疑自己的能力，那就说明承受力不够强大。因为，人可以怀疑自己的选择，但是不能怀疑自己的能力。选择错了，可以从头再来，但是把自己能力否定了，人生便没有希望了。

富兰克林第一篇电学论文曾被科学权威不屑一顾，皇家学会刊物也拒绝刊登；第二篇论文也遭到皇家学会的嘲笑。富兰克林只好找朋友们帮忙出版自己的论文，出版后因论点与皇家学院院长的理论针锋相对，富兰克林遭到这位院长的人身攻击。

但富兰克林没有被攻击所吓倒，他不放弃自己的科学信念，而是更积极地投入实验，以实践来证实自己的立论，最终获得成功。后来，富兰克林的著作被译成了德文、拉丁文、意大利文等，得到了全欧洲的公认。

常言说："水激石则鸣，人激志则宏。"恶劣的环境不可怕，险恶的挫折也不可怕，人最可怕的是丧失了承受苦难、坎坷后奋发图强的心理素质。所以说，要想成功，成为有本领的人，就必须锻炼自己比常人拥有更强的承受能力。

承受力，是犹太人成功的素质之一。《塔木德》中说："承受力，是人的众多优良品格之一。"中国古代哲学家老子也说："上善若水，水善利万物而不争，处众人之所恶，故几于道。"又说，"夫唯不争，故无尤。"也就是说，水是柔弱的，但它能以柔弱而摧败天下至坚的物质，这是它的自然之性，也是它有坚强的承受力所致。

美国开国元勋之一的富兰克林年轻时，去一位老前辈的家中做客。他昂首挺胸走进一座低矮的小屋，一进门，"嘭"的一声，额头撞在了门框上，青肿了一大块。

老前辈笑着出来迎接他说："很痛吧？但你知道吗？这是你今天来拜访我最大的收获。一个人要想洞明世事，练达人情，就必须时刻记住'低头'，锻炼自己的承受力。"

富兰克林从此将"低头"的哲理牢记着，不断修炼自己的承受能力，最终，他成功了。

承受力，是一种品格，一种姿态，一种风度，一种修养，一种胸襟，一种智慧，一种谋略，是做人的最佳姿态。正像很多果木根基稳固而不张扬，才能枝繁叶茂，硕果累累；倘若根基浅薄并且到处炫耀，便难免枝衰叶弱，不禁风雨，所结出的"果"也只能是不成熟的果实。

承受力是在社会上加固立世根基的绝好姿态，不仅可以保护自己、融入人群，与人们和谐相处，还可以让人暗蓄力量、悄然潜行，在"不显山不露水"中成就事业。

承受力也是生存竞争的大谋略，承受力强的人不仅低调，会"藏拙"，而且身负重任，埋头前行，使自己在竞争激烈中走向通往成功的阳光大道。

以退为进方能更进一步

《塔木德》中说："用争夺的方法，你永远得不到满足；但用让步的方法，你得到的可能比你期望的更多。"

以退为进方能更进一步，这是犹太人的处世哲学。他们认为如果事事斤斤计较，强强对抗，势必两败俱伤，不如采取暂时退让的方法，等待时机，谋取更大的利益。

投资大鳄索罗斯认为："当表现不尽如人意时，不妨采取退让，万不可铤而走险。"是的，有时退一步海阔天空，当你做出退步决定的时候，正是你向前迈进的开始。

在欧洲，强烈的反犹太政策没能阻挡住罗斯柴尔德家族前进的步伐。当奥地利面临财政困难，罗斯柴尔德家族看准时机与政府谈判。经过艰难的谈判，奥地利政府不得不答应让罗斯柴尔德家族进军奥地利。犹太人终于"攻占"了奥地利这块坚硬的"生意冻土带"。

原来，当老罗斯柴尔德准备将经营范围扩大到法国以外的地域时，奥地利便是他的目标之一。罗斯柴尔德家族在谈判人选上也颇费苦心：既不让才干非凡却稍嫌莽撞的长子尼桑去，也不让漂亮机智的五子杰姆斯去，却派为人谦恭憨厚朴实的次子萨洛蒙只身前往维也纳。

萨洛蒙被公认为一个谦谦君子，他为人亲切和蔼，彬彬有礼，萨洛蒙奉行的原则是：该谦让就谦让，谦让是为了前进。萨洛蒙谈判时提出募集奥地利国家公债，并使公债附上新的形式，使公债具有很高的回报。

奥国公众获知消息后群起反对，并采取抵制运动。萨洛蒙开始变得小心翼翼，他尽量维护反对者的利益，以忍让为主，对反对者的议论一句话也不反驳。他在报纸上展示公债发行的经济收益宣传，让公众明白这是件有利可图的好事情，鼓励公众购买。萨洛蒙牢牢地抓住公众的"投机心理"，所制定的一切措施，均以激发公众的投资欲望为目的。萨洛蒙甚至以家族的名誉做担保，慢慢赢得了公众们的信任。

随之而来的是募集国家公债的暴涨。奥地利政府对萨洛蒙非常满意，公众们也获得了实际利益，抵抗最终成为拥护。当然获利最丰厚的仍是罗斯柴尔德家族，他们收到了公债发行的承办手续费和公债暴涨的巨额利润。奥地利政府、罗斯柴尔德家族、奥地利民众，三方皆大欢喜。

人们在谈及成功之道时，通常更多地强调利润第一，甚至为了利润勇往直前。然而有时候，一味地猛冲猛打追逐利益未必是最好的方法，以退为进也是获取利益的一种智慧的人生策略。退让不代表懦弱和胆怯，更不是无能的表现。相反，退让是一种前进，上面故事中的罗斯柴尔德家族，他们即使谈如此重要的生意，依然表现出让步的坦然和释怀。因为他们相信，退让是为了更进一步。

犹太人在为人处事时很少与人进行激烈的正面交锋，当产生矛盾时，他们会主动退让，因为他们懂得以退为进的道理，这是他们极为聪明的地方。

当年肯尼迪在竞选美国参议员的时候，他的竞选对手在最关键的时候抓到了他的一个把柄：肯尼迪在学生时代，曾因为欺骗而被哈佛大学退学。当时，这一把柄在政治上的不利影响是巨大的，竞选对手很可能以此为由击败他。

可想而知，一般人面对这类事情的第一反应就是极力否认，澄清自己，但肯尼迪知道否认问题的严重性，他很坦诚地承认了自己当年的错误，他说："我对自己曾经做过的事情感到很抱歉。我做得的确不对。对此事我没有什么可以辩驳的。"肯尼迪放弃了无谓的辩驳，承认了此事，并以坦诚的道歉，面对攻击者和民众，结果这事让他得到了民众的谅解。

无独有偶，美国前总统克林顿也深谙以退为进之道。

当克林顿陷入桃色丑闻时，他并没有一味地否认，而是采取了一种以退为进的策略，他主动地承认了自己的错误。他让美国人民做出选择：让他下台或让他继续留在总统的位子上。结果证明，克林顿的坦诚得到了人们的原谅。

人的一生中，做错事是难免的，欲盖弥彰只能错上加错。还有，谁也保证不了不与他人发生矛盾，产生摩擦。如果为了矛盾、摩擦而大动干戈，在犹太人看来，实在是得不偿失。犹太人认为只要没有根本的利害冲突，即便自己占理，让三分又有何妨？再说，与人方便就是与己方便，尊重他人就是尊重自己。很多时候，在退后一小步的同时，也是向前迈出了一大步。因为这样做不仅可以化解矛盾，还能够让彼此加深理解、增进友谊，从而达到双赢的目的。

犹太人古奥十分勤劳，由于他买不起一般平地上的肥沃良田，便独自找了一块山坡地。经过多年努力开垦，他把贫瘠的山坡地，开辟为产量甚丰的梯田。村庄里的许多农人，看到古奥的成就，争相效仿，也纷纷在山坡、山脚下，开辟出一片一片的梯田。

起初，这些在山坡梯田耕作的农人们，每天忙着自己田里的耕作，倒也相安无事。直到有一年，雨水不够丰沛，各家田里已有明显缺水的现象。由于古奥早已做好充分的准备，在山中找到了几处水源，挖好了渠道，将山泉水大量地引进他的梯田，所以，虽然其他农人的梯田缺水，但古奥梯田中的作物，却生长得欣欣向荣。

一天早上，辛勤的古奥如往常一般来到他的田里，他大吃一惊，整片梯田的灌溉水，竟然全部流失了，梯田里呈现出干涸的现象。古奥赶紧做了弥补，除了将田里补满灌溉水之外，他还仔细地进行了调查，为何自家田里会有失水的现象。结果，古奥在田埂上发现了一个极大的缺口。原来，其他梯田的农人们，趁夜里挖破了古奥的田埂，将古奥的田水往自家田地引流，去灌溉自己的旱田。

古奥明白后，并没有找其他农人理论，而是在接下来的几天当中，更加倍努力地工作，他开挖了好几条新的渠道，将找到的水源，顺利地引到与他田地挨着的每一个缺水的梯田中，把农人的梯田用水灌得满满的，让农人们不再有缺水的恐慌。从此之后，古奥以及大家的田地再也没有缺过水；受到古奥惠顾的农人们，跑来纷纷感谢他。

我们不得不承认，奥古不仅是一个勤劳智慧的人，更是一个善于退让、有爱心的人。当他受到他人的"算计"时，他首先想到的不是谩骂、气愤和暴跳如雷、实施报复，而是以忍让的方式来解决问题，化解矛盾，这是解决问题的好办法，利人也利己。

所以，在现实生活中，无论是工作还是生活，我们都应该向犹太人学习，少与人争，学会退让。退让，会让人们关系和睦，沟通、交流发展顺利。

善待自己，享受财富带来的幸福

《塔木德》中说："人出生的时候之所以是哭着来到这个世界，那是因为每个人的生活中都会有痛苦，但人应该是笑着离开这个世界的。善待自己，才能享受财富带来的幸福，人只要活着，就要努力让自己开心过好每一天。"

一个犹太女人被情所伤，决定远走天涯。她找到拉比（犹太民族中的老师或智者）诉说痛苦，她泪流满面，而后告诉拉比，她即将远离。拉比说："离开前，请回答几个问题。"

拉比问："天涯在哪里？"

女人答："天涯很远，在天边。"

拉比又问："天边在哪里？"

"这个……"女人回答不出来，说，"请您指点。"

拉比说："其实天涯在你心里。"

女人问："天涯怎会在我心里？"

拉比说："既然你已被情所伤，走得再远，心仍然受伤，所以无所谓走天涯；如果你能够平复伤痛，就无所谓离开这里，因为这里和外面一样。"

女人说："谢谢您的指点！那第二个问题又是什么呢？"

拉比问："你认为的幸福是什么？"

女人说："幸福就是爱啊。"

拉比说："错！幸福就是你还活着。"

女人更加不明白："仅仅活着就是幸福吗？"

拉比说："在这个世界上，能活着已经很幸福了。因为很多人来不及享受生命就匆匆地走了，难道你不觉得自己是幸福的人吗？"

女人说："活着是一种幸福，可是也有痛苦。"

拉比说："那你认为的痛苦是什么？"

女人说："痛苦就是没有爱了。"

拉比说："错！痛苦也是你还活着。"

女人说："我糊涂了，活着是幸福，活着怎么又是痛苦呢？"

拉比说："生而为人，就是要幸福和痛苦一起，这样才叫人生。你幸福是因为你还活着，你知道痛苦也是因为你还活着啊，不然你怎么会感受到痛苦呢！"

女人说："好，我已经知道幸福和痛苦的意义，下一个问题呢？"

拉比问："爱是什么？"

女人说："爱就是长相厮守，不离不弃……"

拉比说："错！你这只是两性之爱，未免太过自私，世间除了你爱的那个异性，还有亲情友情之爱，还有对生活的爱，对你所处的世界的爱，对你身边的每一个人的爱，对你工作的爱，对你所专长的事物的爱，对需要怜悯者的爱，对各种人世间你所不排斥的人或者事物的爱，这些爱难道不比使你现在所受伤的爱要博大、深邃很多吗？"

女人说："谢谢您的指点！我明白了，我应该以感激的心去面对生活，我所获得的美好、痛苦，都是生活赐予我的，我活着，所以我是幸运的，生活其实是可以将曾经赐予我的一切收回的。感谢您，我决定留下来，继续生活在这里，我会珍惜我现在所拥有的。"

女人离开拉比家，外面，阳光明媚，暖风习习。她忽然觉得活着真好，活着就是幸福！

是的，能好好活着，这是一件多么幸运的事啊！我们可以幸运地看到那温暖的阳光，我们可以幸运地呼吸着新鲜的空气，我们可以幸运的自由行走于天地间，我们还有什么理由去无端地浪费自己的生命呢？

犹太人认为应该高效率、高质量地"利用"自己的生命，使之变得充实而有意义，这是对生命的最好投资，所以，犹太人认为除了要善待他人，更要善待自己，这样才能追求财富，享受财富带来的幸福。人健康的生活，才能做自己喜欢做的事，才能真正获得幸福和美满，所以，既然活着是一种幸福，人就没有什么理由因为逆境而一蹶不振甚至失去生活的勇气。

人大多没有一帆风顺的人生，有逆境和挫折是常态，这些也更能激发人的斗志，从而让人超越自我，实现人生的辉煌。犹太人深知这一点，所以当他们处于逆境的时候，不逃避、不放弃，勇于面对。犹太人知道挡在前进路上的绊脚石只能靠智慧来解决，而人只有在解决难题的过程中才能得到成长与进步。犹太人不会对生活中的困难表示出厌恶和恐惧，他们坚信逆境是上天赐予自己的礼物。犹太人常常说"请降下磨难，考验我的信仰；请降下苦痛，把我和普通人区分；请给我逆境，让我成功"，以此来鼓励自己坚强愉快地生活。

1933年1月，希特勒一上台，就发布了第一号法令，把犹太人比作"恶魔"，叫嚣着要粉碎"恶魔的权利"。不久，哥廷根大学接到命令，要学校辞退所有从事教育工作的纯犹太血统的人。

在被驱赶的学者中，有一名妇女叫爱米·诺德，她是这所大学的教授，时年51岁。这位学术上很有造诣的女性，在面对如此际遇时，却心地坦然，因为她一生都是在逆境中度过的。

诺德生长在犹太籍数学教授的家庭里，从小就喜欢数学。1903年，21岁的诺德考进哥廷根大学，在那里，她听了克莱因、希尔伯特、闵可夫斯基等人的课，与数学结下了不解之缘。诺德在学生时代就发表过几篇高质量的论文，25岁便成了世界上屈指可数的女数学博士。

诺德在微分不等式、环和理想子群等研究方面做出了杰出的贡献。但由于当时妇女地位低下，她连讲师都评不上，后来，在大数学家希尔伯特的强烈支持下，诺德才由希尔伯特的"私人讲师"成为哥廷根大学第一位女讲师。再后来，由于她科研成果显著，又是在希尔伯特的推荐下，取得了"编外副教授"的资格。

诺德热爱数学教育事业，善于启发学生思考。诺德终生未婚，却有许许多多"孩子"，她与学生们交往密切，她和蔼可亲，人们亲切地把她周围的学生称为"诺德的孩子们"。

诺德离开了哥廷根大学，去了美国工作。在美国，诺德同样受到了学生们的尊敬和爱戴。1934年9月，美国设立了以"诺德"命名的博士后奖学金。不幸的是，诺德在美国工作不到两年，便死于外科手术，终年53岁。

诺德的逝世，令她很多数学同事无限悲痛。爱因斯坦在《纽约时报》发表悼文说："根据现在的权威数学家们的判断，诺德女士是自妇女受高等教育以来最重要的富于创造性的数学天才。"

犹太人因逆境而生，犹太民族的历史给了他们适应逆境的天性。在那漫长的流离失所的历史中，犹太人学会了从绝境中发掘希望，学会了忍受生命之重，学会了从逆境中找出积极因素，学会了改变痛苦的局面而寻找新的幸福的智慧。

犹太实业家路德维希·蒙德在学生时代曾在海德堡大学同著名的化学家布恩森一起工作，他发明了一种从废碱中提炼硫磺的方法。后来蒙德移居英国，将这一方法也带到了英国。几经周折，蒙德才找到一家愿意同他合作的公司，结果证明他的这个专利是极有经济价值的。蒙德由此萌发了自己开办化工厂的念头。

蒙德在柴郡的温宁顿买下了一块地建造厂房，同时，他继续实验，当实验失败之后，蒙德干脆住进了实验室，昼夜不停地工作。经过反复而复杂的实验，蒙德解决了技术上的难题。

1874年厂房建成，起初生产情况并不理想，成本居高不下，连续几年工厂亏损。同时，当地居民由于担心大型化工企业会破坏生态平衡，拒绝与他合作。

在逆境中顽强求生的坚忍性格帮助了蒙德，蒙德不气馁，他研究工厂与生态的关系，做到不破坏生态平衡，他革新技术，终于在建厂6年后的1880年技术取得了重大突破，产量增加了3倍，不仅成本降了下来，产品也由原先每吨亏损5英镑变为获利1英镑。

后来，蒙德建立的这家化工厂成为了全世界最大的生产碱的化工企业。当地居民也认可了蒙德的工厂，有许多人到这个工厂上班。

蒙德把逆境当作一种挑战，他虽身有外在压力，却能不断完善自己的技术，他的能力得到了充分的发挥，他的潜力有了新的发掘，自身的价值也得到了进一步的提升。

生活中，没有人可以清楚地知道自己将要面对的"前程"，也不会预先知道前进时路上将要发生什么样的状况，但是，只要相信：活着是所有的希望成为现实的必要条件就可以了。

人不光要努力创造财富，更要善待自己，让自己享受财富带来的幸福，让财富造福社会、造福他人。

所以，好好珍惜自己的生命，人生旅途上苦与痛只是一种经历，困难与困境也会是暂时的，而珍惜自己，拥有一颗坚强的心，就没有什么能打倒自己，就能得到幸福与快乐。

犹太人的
经商智慧课

第二章

学会管理，
约束自己很重要

信仰是人生的最高意义

《塔木德》中有这么一个自问自答的问题——

"人的眼睛是由黑与白两部分所组成的，可是神为什么要让人只能通过黑的部分去看世界？"

答："因为人生必须透过黑暗，才能看到光明。"

这段对话对世世代代的犹太人产生了积极的激励作用。

爱因斯坦说："每个人都有一个不同的信仰，这种信仰决定着他努力判断的方向。"犹太民族之所以能够延续至今，并成为全世界屈指可数的富有的民族，靠的就是信仰的力量。

　　犹太民族著名的作家费朗茨·威斐和妻子从纳粹前线逃了出来。他们从德国穿过法国一直往南走。后有追兵，被抓住便意味着要被送进集中营甚至更惨。这对夫妇希望能安全地通过西班牙边境，然后漂洋过海到美国。但西班牙官员不让他们通过，他们往回走的时候，住到了一个名叫崂兹的小镇里。

　　这一晚，这位流亡作家不住地祈祷。

　　"我不相信您，"他哽咽着说，"这是我的实话。但现在我面临着巨大的危险，已经到了我能承受的极限，我祈求您的垂怜。保佑我和我的妻子安全地穿过边界，等我到了美国后，我将把这故事写下来，让世界上的人都能读到。"

　　奇迹发生了，费朗茨·威斐和他的妻子一个星期后安全地穿过了边界。后来他们辗转踏上美国的土地，他做的第一件事就是写了《伯拉德特的赞歌》。今天，人们通过这位流亡作家写的"赞歌"知晓了他们的故事。

　　信仰给了处于绝望中的费朗茨·威斐夫妇希望。在深重的苦难面前，在看不到希望的坎坷面前，是信仰使费朗茨·威斐夫妇重新鼓起勇气，有了生的动力，并支撑着他们渡过了难关。

法国思想家帕斯卡尔说："人只不过是一根芦苇，是自然界中最脆弱的东西，但却是一根会思考的芦苇。"有信仰的人即使遭遇到极大的苦难，也能想到未来的美好，从心里产生动力和希望。

第二次世界大战期间，欧洲某国某都市街上，发生了一件事。

那时，这个国家已经被德国军队占领了。一天，所有的居民都被叫到一个广场上集合，训完话后，纳粹军官从犹太人群中拉出一个中年男子，纳粹军官以为只要这个人肯放弃犹太教，其他犹太人一定会效仿。

"放弃犹太教吧！只要你肯改教，保证一辈子吃香的、喝辣的。"纳粹军官大声地宣布，唯恐大家听不到。

"我拒绝。"骨瘦如柴的中年男子回答道。

"你只要诅咒你的神，那么，你的生活和你的家人就能受到永远的保护。"

"我拒绝。"中年男子的声音很平静。

"你知不知道你现在在说什么？假如你还这样嘴硬，我就先杀了你，再说一次，你到底放不放弃犹太教？"

广场上的人都紧张地屏住了气息，一动也不动，世界像是突然静止了；他们中有人注视着纳粹军官，有人凝视着中年男子，有些女人甚至闭起眼睛，不敢观看，因为这一幕实在是太恐怖了。

"我不放弃。"中年男子铁青着脸回答，这时，纳粹军官再也忍不住了，他从枪套中拔出了手枪，伸直右手，瞄准中年男子，"砰"的一声枪响，射中了中年男子的肩膀，刹那之间，中年男子站立不稳，倒在了地上。中年男子血流不止，却不断地低吟："无论如何我都不会改变我的信仰。"

"你只要说一句放弃犹太教，我马上送你去医院，治好你的伤，然后，你就可以和你的家人一起过着快乐、幸福的日子。"纳粹军官说。

"我不放弃。"中年男子一面喘着气，一面回答。

军官直立不动，他似乎呆住了，转瞬间，大家都看到纳粹军官的脸上布满了恐怖的表情，然后，他举起手枪，向躺在地上的中年男子开枪，一枪、两枪、三枪、四枪……在枪声中，大家断断续续地听到中年男子"不放弃……不放弃……"的声音，直到他离开了人世。

故事中的那位犹太人可敬可佩,他在生命受到威胁时仍没有放弃自己的信仰。信仰就是力量,是支撑着他一切的动力。

信仰是一种思想,一种对待人生的哲学、态度,它能够使人看得更远更广。有人说:信仰是石,能敲出生命的火花;信仰是火,能驱散心灵的寒霜;信仰是星,能引领前进的方向。人只要树立起坚定的信仰,人生就会奏响动人的华章。犹太人正是凭借着坚定的信仰走到了今天,并取得了令世人羡慕的成就。

杰克·韦尔奇是世界上最杰出的企业家之一,他成功地经营着GE公司,使之成为全球首屈一指的企业管理圣殿。而GE的发展离不开韦尔奇的企业信仰。

有一天,记者采访GE一位员工:"你们靠什么成为了令美国以至全世界都仰慕的企业?"

员工对记者说:"我们靠的是全体员工对企业的信仰,对企业领导韦尔奇的信仰。打个比方,如果明天早晨上班的时候,韦尔奇头朝地倒立着进公司大门,你必将看到后面所有员工都会倒立着进入公司大门!"

通过这位员工的话,我们可以看出企业信仰对于一家公司的巨大影响。

　　韦尔奇坚定的信仰，使他的员工、他的企业拥有共同的信仰，这就是他的成功之处，也是GE公司成功的重要因素。

　　韦尔奇在其自传中写道："为了实现上下统一的意志，共同的战略目标，我执着地在理性和感情两方面做好工作！尤其在核心生产、技术开发和客户服务的三大业务上，通过不断地沟通交流这个民主的过程，达到追求上的充分一致。"

　　信仰是人生的最高意义所在，拥有信仰，坚定信仰，人生的天空将会被点亮，离成功的目标也将会越来越近。

学会自我管理，自我提升

　　《塔木德》中说："超越别人，不如超越自我。"人要想成功，学会自我管理、自我提升是自己的一项重大责任。

　　"金无足赤，人无完人。"世界上没有十全十美的人，每个人都会有缺点、都会犯错误。能管理自己的人、能提升自己的人，不仅自律，还会经常对自己的言行进行自省，纠正错误，改正缺点，而这正是严于律己的表现，是不断进取的重要方法和途径。

　　犹太人有着很高的自我管理、自我提升的素质，他们凡事从自己做起，善于反省自我，做人做事慎独自律。在商业活动中，犹太人信守合约、遵守法律，哪怕约定是口头上的。在犹太人看来，只要双方达成了某种一致，就要严格地执行，这才符合道德规范，也就是说，不管如何，他们都要求自己遵照契约的约定来履行自己的义务和享用自己的权利。

犹太人相信，只有管理自己、提升自己，才能严格执行合约，真正体现契约的精神，否则，自己无视约定，却要求对方做到，那契约的执行就会遇到困难。而如果双方都想着用契约去牵制对方，那么这个契约也可能作废。

很多人在与犹太人的商业往来中，发现基本上不存在犹太人不履行契约的情况，除非是契约本身存在问题。犹太人这种严于律己、信守承诺的品质使他们在商界赢得了极高的赞誉及信任。

同样，犹太商人在管理自己企业的过程中，也是以身作则，自己先做好表率，然后以自己的行动去影响、带动他人，很少有只严格要求他人却对自己放松要求的情况。

如果说遵守规章、履行契约、从我做起，还只是犹太人自我管理的比较浅层次的表现，那么，犹太人内心深处的"慎独"精神，就是很珍贵的提升自我深层表现了。犹太人总是问自己做了什么、做对了什么、应该做什么，却很少去要求他人该怎样。

有一位犹太教师，行为高洁，为人亲切而仁慈，做事审慎，是镇上受人景仰爱戴的人。过了80岁的某一天，这位教师的身体突然变得虚弱了，并开始很快地衰老下去。教师知道自己的大限快要临近了，便把一些学生叫到床边。学生到齐之后，教师开始掉眼泪了。学生们十分奇怪，便问道："老师为什么要掉眼泪呢？"

这位教师说："我刚刚问了自己：你读书了吗？你是否行善了？你是否做了正当的事情？对于这些问题，我都可以作肯定的回答。但当我问自己，你是否热心参加集体生活时，我却只能回答：没有。所以我才掉眼泪，因为我恐怕再没有时间去参加这种生活了。"

这则故事成为犹太人教育故事中的一例，用以劝说那些不愿意参与集体活动的人，参与集体活动，感受集体的魅力，是学会自我管理、自我提升的重要一步。

爱因斯坦说："学会管理，目的在于提升自己。"是的，学会管理自己只是第一步，不断提升自己，才是让自己有所发展、有所进步的关键，也是发展的基础。

　　管理自己要开辟自己的天地，知道何时改变发展的道路，做到不断努力、干出实绩。要做好管理自己，首先要对自己有深刻的认识——不仅清楚自己的优点和缺点，也要知道自己学习、努力的方向，还要明白自己的价值观是什么，自己在哪些方面能做出贡献。因为管理自己，是为了更好地发展自己，使自己真正做到卓尔不群。

　　哈佛大学有一位计算机高手，名叫布鲁斯。他在中学时就是一个严于律己的热心人，同学们经常向其寻求帮助，"布鲁斯，我的计算机怎么上不了网了？""布鲁斯，我的计算机怎么打印不了东西了，""布鲁斯，excel里面怎么插图表，""布鲁斯……"

　　这些有关计算机应用方面的问题，有些布鲁斯能解决，有些布鲁斯也解决不了。但即使问题布鲁斯解决不了，他也不会轻易跟对方说自己不会，他一般都会告诉他们说："等等，我琢磨一下！"

　　带着自己解决不了的问题，布鲁斯会查资料，寻找解决的方法，再实在解决不了，他会请教别人。由于布鲁斯在计算机方面的能力十分强，又乐于帮助他人，所以他跟同学们的关系也十分融洽。

布鲁斯在进入哈佛大学后，曾对同学说："大家问我问题，其实对我也是一个很好的学习过程，通过帮助大家，我对自己掌握的知识也进行了重新梳理，相当于重新复习巩固了一遍；而对于不懂的知识，又通过这种方式掌握了，当以后再碰到类似的问题时，便胸有成竹了。"

　　后来布鲁斯在大学就成了一名计算机高手，他说这一切是他管理自己、乐于助人的回报！

　　善于自我管理，能取得不同于常人的成就，而不断提升自己，能使自己有更快的发展。

　　贝多芬平时写下了许多随笔小抄，当被问及为什么用笔记下来时，他说："如果我不马上写下来的话，我很快就会忘得一干二净，但当我把它们写到小本子上，我就永远不会忘记了，"确实，他在作曲时经常看一看自己的随笔小抄。

　　成功的事业不是预先规划的，而是在人们知道了自己的长处、工作方式和价值观后，准备把握机遇时水到渠成的。

　　自我管理，会使一个勤奋、有能力但原本表现平平的普通人，变成出类拔萃的人，而自我提升不仅仅"利己"，更"利他"，是一种能达到较高层次上的境界——共赢的成功。

享受不能忘行善

《塔木德》中说："适度享乐而不忘追求善行的人才是最贤明的。"

犹太人认为，既然世界上的一切都是人创造的，那么享受世上的乐趣，也是世界赋予人的特权，甚至可以说是义务。

很多犹太父母从小就给孩子们讲这样一个故事：

有一艘船在航行的途中遇到了强烈的暴风雨，偏离了航向。到次日早晨，风平浪静了，人们才发现船的位置不对，不过大家发现前面不远处有一个美丽的岛屿。于是人们把船驶进海湾，抛下锚，准备做短暂的休息。这个小岛从船上望去，鲜花盛开，树上挂满了令人垂涎的果子，还有一大片美丽的绿茵，当然也听见小鸟动听的歌声。

船上的旅客被分成了五组。第一组旅客，因担心正好出现顺风而错过起航时机，便不管岛上如何美丽，静候在船上不下船；第二组旅客急急忙忙登上小岛，走马观花地观赏了一遍盛景之后，立刻回到船上；第三组旅客也上了岛游玩，但由于停留时间过长，急忙赶回时，丢三落四；第四组旅客上岛一边游玩一边观察船帆是否扬起，他们不按时间回船，认为船长不会丢下他们把船开走，故而一直停留在小岛上，直到起锚时船长喊叫半天才慌忙上船来，许多人为此而受了伤；第五组旅客留恋小岛上美丽的风光，面对起航的钟声，船长的叫喊，充耳不闻，被留在了岛上，结果，有的被猛兽吃掉，有的误食毒果生病而死。

那么，假如您是旅客，您会是哪一组呢？

犹太人认为，第一组的人对快乐缺少体会，他们的人生缺少乐趣；第三组、第四组、第五组的人由于过于贪恋和匆忙，会吃很大苦头；只有第二组的人既享受了少许快乐，又没有忘记自己的使命，这是最有智慧的一组。

犹太人认为，人不管是处在顺境还是逆境，都不能悲观失望、灰心丧气，都要学会享受生活，即使处于逆境之中，也要摆脱逆境，苦中作乐，正确对待喜和悲。

古人说：快乐，不是因为拥有的多，而是因为计较得少。人的生命长度是有限的，从开始记事算起，少则几天，几年，多则几十年，一百年。这么短短的一段时间，放到人类几千年的历史中来看，放到曾在这个星球上生活过的上百亿人之中来看，实在是分秒。生活，不是生存，只有懂得享受生活的人，才会用平和的心真诚地面对世界，享受生活中的富与贫、美与丑、苦与乐。

保罗·艾伦1953年出生于美国西雅图，毕业于华盛顿州立大学。他的父亲当过20多年的图书管理员，为艾伦从小博览群书提供了条件。1968年，艾伦与比尔·盖茨在湖滨中学相遇，艾伦以他丰富的知识令盖茨折服，两人成了好朋友，一同迈进了计算机王国，掀起了一场软件革命。1975年，他们共同创立了"微软帝国"，艾伦拥有40%的股份。

艾伦和盖茨一起创立了微软，然后艾伦离开了微软，但他是带着微软的股票一起走的。与盖茨狂爱工作不同，艾伦很会享受生活。

他曾经在意大利水都威尼斯举办化装舞会，租用豪华邮轮驶往阿拉斯加开晚会，在法国南部豪华别墅度假。艾伦曾一掷千金，耗资7000万美元买入波特兰开拓者队（美国职业篮球队），后来又花了2亿美元买了美式足球联盟的西雅图海鹰队。

多年来，微软的市值不断上升，使得艾伦的腰包日渐充实，他不仅购买球队、体育馆和戏院，艾伦的游艇"章鱼"，也是世界上最大的私家游艇，全长125米，相当于英式足球场地大小，有可供两架直升机起落的升降坪，船中还藏有一艘长达18米的登陆艇。艇上有60名常备水手及其他工作人员。一些见过世面的亿万富豪们对此惊呼："这简直就是航空母舰。"

艾伦常邀请亲朋故旧、娱乐圈及IT圈的名流来到他耗资亿万美元的游艇上游玩。在游艇驶往诸如巴厘岛等旅游胜地的途中，艾伦会手执吉他与著名音乐人彼得·加布里埃尔联袂表演，以飨来宾。

艾伦说："我十分热爱编程，但是这无法与音乐相比。"他建立了自己的摇滚乐队"屠户店男孩"，并在乐队担当吉他手。当他听说西雅图Cinerama电影院即将关门的消息后，他立刻行动起来，不但买下电影院，还把它改造成了展示各种电影的展览馆和西雅图科幻博物馆、名人堂，珍藏着近半个世纪各种科幻艺术作品和艺术家们关于未来各种幻想的图画。艾伦还在西雅图闹市区建立了梦幻般的摇滚博物馆。

作为好莱坞梦工厂和波特兰广播电台的老板，艾伦还是致力于寻找太空生命和研究人工智能的SETI项目的主要赞助人，他曾为研究人类大脑出资一亿美元，并建立了专门的基金会。艾伦每年都做慈善事业，追求善行是他富裕后的又一目标。

享受生活，人生会更有乐趣。这里我们讲艾伦的故事，不是告诉大家都去效仿他，与他攀比，而是说，虽然人生在于奋斗，但在可能的情况下，要学会享受生活的美好，更要做善事。

经历过奋斗的人，更懂得珍惜生活，更会在享乐时不忘行善社会。

交忠实可靠的朋友

《塔木德》中说："与污秽者为伍，自己得污秽；与洁净者相伴，自己得洁净。"

犹太人认为，交友不慎，很容易受到伤害。因此，犹太人从小就教育孩子如何择友，如何交友，而他们在择友、交友时，也遵从谨慎的态度。

下面是一则犹太人教子的故事。

一天爸爸从外边回来，把3岁的约翰放到壁炉台上，然后松手道："约翰，跳到爸爸怀里来。"

约翰见爸爸和自己玩，显得很高兴，笑着往爸爸怀里跳。可是，当约翰快要落到爸爸怀里时，爸爸却突然抽回了手。约翰自然就落到地上，被摔的"哇哇地"哭开了。

小约翰哭着爬到坐在对面沙发上的妈妈怀里，妈妈也只是笑着说："爸爸真坏！"

爸爸则站在一旁对小约翰说："站起来。"

犹太人认为爸爸的这种做法不是残忍，而是正常的。他们说："像这样重复几次，孩子自然就会认为，爸爸也不可相信，这样孩子以后就不会轻信任何人了。"孩子在长大成人后，择友、交友时就会谨慎，交好了朋友，会认为良友难得，与友珍惜友情，而这也是对自己的一种保护。

自然界中的"杀人蝙蝠"仅仅施以舒适而致命的诱惑，就能使驴子在陶醉沉迷之中莫名其妙地死去，这是多么可怕的谋杀手段；生活中，这样的"蝙蝠朋友"也到处可见。所以，《塔木德》认为，对敌人要保持距离，对朋友也要"留点儿神"。

人来到这个世界上，不可能一个人孤军奋战，必须融入社会，和周围的人一起学习、努力，一起工作、生活，在这个过程中，就涉及一个择友、交友的问题。

其实择友、交友是一门学问，那么怎样才能正确择友、交友呢？

梅里特兄弟是由德国移民到美国的，定居在密沙比。通过辛勤的工作，兄弟俩积攒了一大笔钱。后来，他们意外地发现，密沙比有着丰富的铁矿。兄弟俩决定秘密行动，他们不动声色地收购了一块地产，顺利成立了铁矿公司。

当地人汉克斯看到梅里特兄弟的铁矿公司十分眼馋。汉克斯开始等待时机，决心得到这个铁矿。

1837年，经济危机笼罩着美国商业，市面银根告紧，同许多公司一样，梅里特兄弟的铁矿公司也陷入了危机的漩涡之中。正当兄弟俩愁眉不展时，他们的一个好朋友布什来到他家。

闲聊中，梅里特兄弟不自觉地谈到了经济危机，并对布什说铁矿公司也陷入了危机之中，资金周转不灵。

布什热心地说："你们怎么不早些告诉我呢！我可以帮你们一把啊！"

兄弟俩听了这话不禁喜出望外，对布什说："您有何高见？"

布什说："我有一个朋友，看在我的面上，他可以提供给你们需要的周转资金。"

兄弟俩说："您真是个好人，我们都不知道拿什么感谢您呢！"

布什问："你们需要多少资金周转？"

梅里特说："大约42万美元。"

布什很快写了封借42万美元的介绍信。

兄弟俩问："那利息怎么计算呢？"

布什大方地说："我怎能要你们的利息呢？这样吧，比银行利率低2厘。"

兄弟俩简直不敢相信，这样的好事会降临到他们头上。

布什拿出笔又写了一张借款字据："今有梅里特兄弟借到考尔贷款42万美元整，利息3厘，空口无凭，特立此为证。"

梅里特兄弟念了字据，觉得没有什么问题，便在字据中高兴地签了字。

半年之后，布什又来到梅里特兄弟家里，一进门，他十分严肃地对兄弟俩说："借你们钱的人是我的朋友叫汉克斯，他早上给我来了电报，要求马上收回那42万美元贷款。"

梅里特兄弟哪来42万美元呢，他们被汉克斯告上了法庭。

汉克斯的律师说："借据写的是考尔贷款。考尔贷款就是贷款人随时可收回的贷款，所以它的利息要比一般贷款低，根据美国法律，借款人或者立即还清所借的款项，或者宣布破产！"

在这种情况下，梅里特兄弟俩只好宣布破产，将产业出卖，买主当然就是汉克斯，而铁矿公司只作价了52万美元。

梅里特兄弟交友不慎，导致最终造成了他们卖矿的悲剧。

《塔木德》中告诉犹太人，当你去交一个朋友时，要先考察他，不要急于信任他。因为，生活中有些朋友，当事情对他们有利时，他们是忠诚的；但是当你身处逆境、困境时，这些人就可能会抛弃你，还有些朋友甚至会倒向敌人一边，这都不是真正的朋友。任何朋友的交往都应该建立在互相尊重互相信任的基础上，否则，就没有交往的意义了。交朋友要交正人君子，要交能在有难时帮一把而不是落井下石的朋友。

所以，交友一定要慎重，择友要选择忠实可靠的朋友。一个忠实可靠的朋友就像一个安全的庇护所，谁找到这样的朋友，谁就找到了财宝。忠实可靠的朋友是金钱、财富无法衡量的。

其次，要交具有良好道德品质的朋友，要交积极上进的朋友。这样的朋友会带动你，使你也上进。

第三，交友时要选择志向远大的人，因为一个人的想法和行动很容易影响周围的人。所以和生活积极的人在一起，自己也会觉得生活充满希望，和消极懒散的人在一起，自己也会变得停步不前。

第四，要交在某一方面有特长或有成就的朋友。朋友在某方面有成就，我们就会受影响，潜移默化中，我们还会深入其中，丰富自己，提升自己，因为朋友比我们强，我们会努力追赶朋友，这样自己就会有大的进步。

交朋友一定要多考察，尤其通过事情考察，如果不仔细对朋友进行考察，就等于盲目交友，甚至会影响自己的发展和前途。

沉默有时胜过万语千言

《塔木德》中说："在某些时候，沉默比什么话术都有效。沉默就是力量，沉默往往胜过滔滔不绝、口若悬河。"

生活中，人总会遇到许多不如意的事。如果因为他人一句不顺耳的话，就与他人反唇相讥、针锋相对，这样反而显得自己没有涵养。而采取或选择沉默的态度，有时胜过千言万语，反而能让对方自觉无趣而退让。

有这样一个故事：

一个教师在旅途中，碰到一个反感他的人。连续好几天，那个人都跟着这位教师，用尽各种方法嘲笑他，教师每每以沉默待之。

有一天，那人又开始谩骂教师。教师转身问那人："若有人送你一份礼物，但你拒绝接受，那么，这份礼物属于谁？"

那人答："属于原本送礼的那个人。"

教师笑着说："没错，若我不接受你的谩骂，那你就是在骂你自己。"

那人摸摸脑袋，终于离开了。

这个故事表明，沉默有时恰恰是最好的武器。

生活中总有些"长舌人"喜欢搬弄是非，唯恐天下不乱。对付这些人的办法尽管很多，但是，最有效的办法就是保持沉默，让流言蜚语在时间的长河里，慢慢变成无足轻重的泡沫。

《塔木德》中说："有时的沉默胜过语言。"

有一个国王病了。医生告诉国王，喝母狮子奶是好起来的希望。国王转向仆人们问道，"谁去把母狮子奶给我拿来"？

"我愿意去！"有个仆人回答说，"但我必须带上10只山羊。"国王答应了，于是那人赶着羊群上路了。

那人找到了一个狮子洞，那儿有一头母狮子正在给幼崽喂奶。第一天，这人远远站着，扔过去一只山羊，这样他逐渐往狮子洞跟前迈进，到了第10天，他和母狮子已成了朋友，母狮子让他抚摸，让他和它的幼崽玩耍，最后让他取了一些自己的奶。

那人拿着奶走到半路，睡了一觉，梦见自己身体的各个部位吵了起来。

他的腿说："身体的其他器官都不能和我们相比。要不是我们走近母狮子，这个人就没办法取到奶给国王。"手说："要不是我们挤奶，他也没有办法取到奶给国王。""但是，"眼睛说，"要不是我们指路，他哪也去不成。""我比你们都好！"心喊叫着，"要不是我想到这个办法，能取奶吗？你们都没多大用。""而我呢，"舌头说，"才是最重要的，你们确实也很重要，但我的作用更大！不信让你们看看我的作用。"

这个人身体的各部位仍喊叫着，争着说自己的功劳。"你们早晚会知道，"舌头说，"我的重要性。"

那人醒了过来继续赶路。当他走进国王的宫殿时，他说："这是我给您带回来的狗奶！"

国王咆哮道："我要的是狮子奶，你为什么带狗奶，把这人带走杀了。"

在去刑场的路上，这个人身体的各个部分都互相埋怨。这时舌头对它们说："我说过我比你们厉害你们不信，现在如果我救了你们，你们会不会让我统治你们？"身体的各个部分都忙不迭地同意了。

"把我送到国王那里去。"舌头冲着刽子手大喊。于是这人又被带到国王面前。

"为什么你要下令把我杀死？"这人问，"我带回的奶能治好你的病，你不知道有时候母狮子也叫母狗吗？"

国王的医生检查带回来的奶后，发现真的是母狮子奶。国王喝了以后，病很快就好了。

这个人获得了丰厚的奖赏。身体的各部位对舌头说："确实，你太重要了。"

这则故事告诉我们，人不能乱说话。人说话是本能，但会说话才是本领，而有时沉默则是一种大修养。有智慧、有格局的人，不靠嘴上功夫展示自己，他们懂得少说多做是根本。

孔子说："多闻阙疑，慎言其余，则寡尤；多见阙殆，慎行其余，则寡悔。言寡尤，行寡悔，禄在其中矣！"这段话的意思是人要多听，有怀疑的地方先放在一旁不说，对有把握的事情，也要采取谨慎态度说出来，这样就可以少犯错误；其次，要多看，有怀疑的地方先放在一旁不做，对有把握的事情，要谨慎小心地去做，这样能减少后悔。而说话少过失，做事少后悔，官职俸禄就能实现了。

现今社会，有的人利用一切机会，为了显示自己的博闻，不分场合夸夸其谈；有的人喜欢到处打听，然后不负责任地乱说；有的人头脑简单，凡事不动脑筋，喜欢成为闲谈的主角；有的人也许没有多大的恶意，对看到的听到的不加以分析，该说的不该说的都说了出来；有的人热衷于传播一些不切实际的言论，让周围的人感到尴尬甚至搞出很多是非，而且被别有用心的人利用。

所以，做人要谨慎，因为听到的和见到的有时未必是真实的，夸大的、片面的言词都会伤人于无形，而不负责任的传播更会给他人带来不必要的干扰。说话要严谨，人要慎重自己的言行。

在一个特定的环境或是一个特定的时期，沉默其实是最好的处事为人方式。很多时候，很多事，不是谁想怎样就能怎样的，有许多客观和主观的因素影响着事态的发展；而对很多未经证实的言论最好不要评说，要让传闻止于你的沉默，因为对他人负责也是对自己的尊重。

当然，沉默不语时要注意以下两点，这样才能不失风度，更能受人尊重，于无形中取胜。

（一）要有恰当的沉默理由。

通常人们采用的理由有：不理解对方对某个问题的陈述；不理解他人对某项问题的立场；对他人的指责不计较，对他人的失误表示包容等。

（二）沉默是要有度，要适时进行反击，迫使对方让步。

"沉默是金"，虽是赞美沉默，但在无止无休的世事纷争中，人们也不应该无原则地一味忍气吞声，要能抓住要害，一语中的，抓住对方的"软肋"进行反击，这样才能保持自己的尊严，给对方以威慑力。

否定不能阻止前行

《塔木德》中说："要想有大作为，就得打破既有的成见。"那么，成见是什么呢？成见就是一种思维定势。

有这样一个故事：

在一座无人居住的房子外，一只鸟儿每日总是准时光顾。它站在窗台上，不停地以头撞击着玻璃窗，每次总被撞落回窗台。但它坚持不懈，每天总要撞上十来分钟之后才离开。一些人猜测这只鸟大概是为了飞进那个房间。

后来，有人用望远镜观察，才发现那玻璃窗上粘满了小飞虫的尸体。原来鸟儿并不是在撞玻璃，而是吃虫子，鸟儿每次吃得不亦乐乎！

人们怎么也没有想到这只鸟儿有如此独特的觅食方式，而人却是按照自己日常的思维方式去评判这只鸟儿的世界。

由此可见，人们在生活中，一旦形成了某种固定观念，就会束缚住自己的手脚，限制住自己的思维，形成思维定势，具体表现为成见、偏见，而这些反过来又成为创新的障碍。

当然，对于太多的人而言，得到他人的否定是件很痛苦的事情，更别提被权威人士否定。可犹太人却认为，否定是常见之事，权威人士和普通人给的否定意见没什么区别，关键要否定得正确。犹太人认为，即使你是权威，你也不可能永远持有正确的观点，对或不对，只能通过实践来确定。因此，犹太人对于权威人士给予的否定，大多采取接受的态度，不会有太多的反驳，他们默默地实践，用结果来证实到底否定是否正确。对的接受，不对的他们质疑，因此，在犹太人之中，产生了很多奇才，他们敢于向禁锢了几千年的思想、影响了社会几百年的一些所谓"真理"发起挑战。

犹太人认为，敢于质疑权威、打破成见的人，往往能成功；而因循守旧，永远跟在权威人士后面走的人，是不可能有突出成就的。

1952年前后，日本的东芝电气公司曾一度积压了大量的电扇卖不出去，7万多名职工为了打开销路，费尽心机地想了不少办法，可依然进展不大。有一天，一个小职员向当时的董事长石坂提出了改变电扇颜色的建议。在当时，全世界的电扇都是黑色的，东芝公司生产的电扇自然也不例外。而这个小职员却建议把外壳黑色改为彩色，大多数业内人士都认为太不符合常规了，是行不通的，但这一建议却引起了石坂董事长的重视。

经过研究，东芝公司采纳了这个建议。第二年夏天，东芝公司推出了一批浅蓝色电扇，大受顾客欢迎，市场上还掀起了抢购热潮，几个月之内就卖出了几十万台。从此以后，在日本以及全世界，电扇就不再都是一副统一的黑色面孔了。

现在我们想想，这一改变颜色的设想，增加的效益竟如此巨大，而提出这个设想，既不需要有渊博的科技知识，也不需要有丰富的商业经验，为什么东芝公司那么多专业人士就没人想到、没人提出来呢？为什么日本以及其他国家的成千上万的电气公司，以前也都没人想到、没人提出来？这显然是因为，自有电扇以来颜色都是黑色的，"变色"是不符合常规的。尽管谁也没有规定过电扇必须是黑色，可彼此仿效，代代相袭，渐渐地就形成了一种惯例、一种传统，似乎电扇都只能是黑色的，这样的常规反映在人们的头脑中便形成了一种心理定势、思维定势。时间越长，这种定势对人们的创新思维的束缚力就越强，人们要摆脱它的束缚也就越困难，越需要做出更大的努力。

而东芝公司的这位小职员提出的彩色建议，从思考方法的角度来看，其可贵就在于，他突破了"电扇只能漆成黑色"这一思维定势的束缚，敢于质疑权威，当然，也为公司积压的库存电扇打开了销路，并从此让全世界的电扇有了多种面孔。

据有关部门统计，几乎全部的犹太富翁都曾数次遭受过银行信贷部门的拒绝。那些专业的信贷评审员或许会直接否定他们的创业计划，但他们仍坚持不懈，转向别的信贷机构或者独辟蹊径继续寻求帮助。成功的犹太人，大多都遭受过拒绝而依然对自己充满了信心。他们认为，越是遭到权威人士的否定，自己越会有一种积极前进的刺激力和动力。

曾有一位犹太商人开玩笑地说："某一位批判家对我的批判

犹如预言家一般准确，只要是这位批判家否定的计划书，无一不顺利完成，同时能带给我巨大的收益。"可见，权威人士的说法并不一定都是对的。

所以，倘若一个人对自己没有信心，就会把权威人士的话当成真理，把否定作为束缚自己的框框，就会从心理的对战中先撤退，继续生活在权威错误的思维统治之中。而那些不屈服权威否定的人，不把权威作为唯一真理的人会以权威的否定为动力，并激发出自己的斗志，向着成功迈进。

由于犹太人善于经商，很多人便把犹太人的经商策略和经商模式视为权威，不加以分析和学习，想单纯复制或模仿；还有些人想从中归结出一些经商真理，对此，犹太人是持否定态度的。他们认为，成功虽可部分复制，但归根到底需要自己努力，自己摸索、自己实践，相信自己，坚持不懈，才是成功基础。

所以，我们要学习犹太人既不骄傲自大，也不妄自菲薄的态度。要像犹太人那样，谨慎而且认真地对待他人的建议，多实践，敢于质疑权威，靠自己的行动和智慧谋取成功。

培养坚韧不拔的性格

《塔木德》中说："失去金钱，只是失掉了半个人生；但是失去勇气，则一切都失掉了。"希伯来语中有两句话在日常生活中的使用频率很高，在《塔木德》中也反复出现，这就是"本来就是这样的"和"一切都会好起来的"。这两句话比较形象地反映了犹太人坚强向上的性格。

人们往往用"萨布拉斯"来形容犹太人。"萨布拉斯"即"仙人掌果"的意思，仙人掌外表坚硬带刺，但内芯相当甜蜜，用这种果来形容犹太人的性格，可以说再恰当不过了。

犹太人在生活中也会面临着各种各样的压力，但他们不会一味地抱怨，他们在遇到困难和意想不到的麻烦时，不会像有些人觉得无法忍受或暴跳怒吼"怎么能这样""我无法相信这一事实"。他们总是耸耸双肩，摇着头，轻声说"本来就是这样"，然后用进一步的努力和昂扬的精神耐心地去克服困难。他们常常说："一切都会好起来的。"

"一切都会好起来的"，表达了犹太人乐观的精神和充满希望不放弃的奋斗性格，可以说这句话是很多犹太人的座右铭。这句话反映了犹太人有能力、有信心、能承受、坚韧不拔性格和充满乐观希望的精神和信念。

据说在1976年以军在乌干达的坎帕拉机场营救人质的行动中，牺牲了一名军官，事后在整理这名军官的书信时，发现了他的绝笔之作——写于他牺牲前5天的家信。

在信中，这名军官第一次流露出对动荡的世界及不断的战争的忧心，但即便这样，在信的结尾他还是写上了"一切都会好起来的"这句话。

犹太人"萨布拉斯"式的性格用著名心理学家、哲学家威廉·詹姆斯的话说就是："如果我们被一种不寻常的需要推动时，那么奇迹将会发生。"是的，当人的精神疲惫达到极限时，只要不放弃，继续鼓着劲，就会超越这个极限，找到全新的自我！当人的力量到达一个新的层次时，这是挑战自我、丰富自我的挣扎、蜕变过程。这一天，人们突然发现自己竟然拥有了不可思议的力量，并感觉到难以言表的轻松，这就是达到了不一般的坚韧程度。

詹姆斯还指出，"坚韧是一种习惯。坚韧这一习惯的过人之处在于，你表现得越坚韧，你也就越可能变得更坚韧。"事实上，坚韧对于改变人们的习惯、实现目标的重要性远非如此。

坚韧是一个人通往成功并成就伟大事业必不可少的品质。虽然少数人拥有特权，但无特权的小人物，当拥有了吃苦耐劳的坚韧品质，也会成功，因为坚韧的品质是实现目标的忠实伙伴。

生活中，人们常常会遇到各种各样的挫折。但是，"成功者"与"失败者"的区别，就在于是否有不屈不挠和永不服输的坚韧意志上。

联邦快递公司作为知名跨国公司，几乎人人知晓。作为联邦快递公司的创始人和首席执行官弗雷德·史密斯，在耶鲁大学的求学期间就产生了这个创新性的航空货运理念。他认为，他的想法必定会使发送和接收邮件包裹的方式发生翻天覆地的变革。

为此，史密斯仔细研究了这一方式的可行性，并提出了自己的观点，将其写在了经济学课程的期末论文中。正当他满怀信心地以为会得到教授大力支持的时候，教授却将他的论文评为"C"，并对他说："理念很有趣，也很严谨；但是，如果你想得到高过C的成绩的话，就不要写这些不可行的事情了。"这种结果无疑会让人沮丧。

然而，史密斯没有被打击，毕业后，他始终坚信自己的理念，最终他募集到了7200万美金的贷款和证券投资来实现自己的理想。

由于毫无经验，加上最初的规划有问题，在头几年的经营中，史密斯遭受到了巨大的损失。但是史密斯不气馁。终于，在1975年年底，史密斯迎来了近20000美元的赢利。

今天，联邦快递公司已经成为一个价值百亿美元的跨国企业集团。在世界各地几乎都能看到它所开展的业务，公司拥有的员工已经有数十万名，日处理邮件量巨大。而这正是由于史密斯的不懈努力以及坚韧不拔的性格，才使得在他人看来不可行的想法成为现实。

这个案例可以让我们看到，坚韧不拔的性格对一个人的成功是多么重要。确实，不论我们的目标是什么——或成为职业演员、或发明某项新专利，或开创一家拥有数百万资金的大公司，或工作升职或清偿小额负债……只要自己相信自己，对自己常说"坚持，坚持，再坚持"，那么，无论大目标还是小目标，一定都能实现。

曾有人做过这样一个试验，把100个人分成A、B两个组。

A组的人所处的环境比较舒适，可以打高尔夫球，有大轿车接送，打桥牌、吃西餐。总之，他们的一切需求和欲望都可以不费气力地得到满足；而B组却无论干什么都会遇到重重障碍。这样过了6个月，A组的人整天昏昏然，精神颓废，而B组的人却精神抖擞，提出了许多新的设想并热衷于改善生活的现状。

物竞天择，适者生存。逆境不过是社会淘汰机制下的一个关卡而已，能不能挺过去就要看自己的努力了。倘若一个人能够经受住逆境的考验，那么，就是在优胜劣汰的竞争中生存下来的那个强者。所以说，当遇到逆境的时候，人生的分水岭就出现了：有的人坚持努力成功了，从此不断攀升人生高峰；有的人退缩、放弃，甘认失败，最终碌碌无为，默默无闻。

辛·吉尼普的父亲生重病的时候已经80多岁了，他曾经是俄亥俄州的拳击冠军，曾有着硬朗的身子。

一天，吃罢晚饭，父亲把家人召到床前。父亲一阵接一阵地咳嗽，脸色苍白。他艰难地看了每个人，缓缓地说："那是在一次全州冠军对抗赛上，对手是个人高马大的黑人拳击手，而我个子矮，一次次被对方击倒，牙齿也出血了。休息时，教练鼓励我说：'辛，你能挺到第12局！'我也说：'我能应付过去！'然而对击时，我感到自己的身子像一块石头、像一块钢板，对手的拳头击打在我身上发出空洞的声音。我跌倒了又爬起来，爬起来又被击倒了。我终于熬到了第12局。对手战栗了，我开始了反攻，我是用我的意志在击打，长拳、勾拳，又一记重拳，我的血同他的血混在一起，眼前有无数个影子在晃，我对准中间的那一个狠命地打过去……他倒下了，而我终于挺过来了。哦，那是我获得的唯一的一枚金牌。"

说话间，父亲又咳嗽起来，额上的汗珠滚滚而下。他紧握着吉尼普的手，苦涩地一笑："不要紧，才一点点痛，我能应付过去。"

　　第二天，父亲就去世了。那段日子，正碰上全美经济危机，吉尼普和妻子先后失业了，他们的经济越发拮据。

　　吉尼普和妻子天天跑出去找工作，晚上回来，总是面对面地摇头，但他们不气馁，互相鼓励说："不要紧，我们会挺过去的。"

　　后来，当吉尼普和妻子都重新找到了工作，坐在餐桌旁静静地吃着晚餐时，他们总会想到父亲，想到父亲的那句话——"当我们感到生活艰苦难耐的时候，要咬牙坚持，学会在困境中对自己说：'一切都会好起来的。瞧，我能应付过去！'"

　　克莱门特·斯通说："坚忍不拔往往是同命运结合在一起的。犹太人正是因为"萨布拉斯"式的坚韧不拔性格才被世人称赞，他们在各个领域骄傲地做着自己的贡献。

谦虚谨慎使人进步

《塔木德》中说："理智是神和人之间的一个媒介。"犹太人认为做人做事要谦虚谨慎。

有这样一个故事：

很久以前，有一个农夫在菜园里松土，突然从土疙瘩后面跳出一只很大的毒蜘蛛。农夫吓得惊叫一声，跳到一边去。"谁敢动动我，我就咬死谁！"毒蜘蛛发出"咝咝"怪叫，舞动着长爪子，威胁农夫。农夫后退着，毒蜘蛛又向前爬了几步，张开大嘴做出咬人的凶相，对农夫说："你听明白，只要被我咬一口，你就会有死的危险。你先是在痛苦中抽搐，接着在极度痛苦中咽气！走开，别靠近我，否则，你就要倒大霉了！"

农夫心里清楚，这个小东西是在装腔作势，说大话罢了，它过高地估计了自己。农夫又向后退了一步，然后用足了力气，光着脚丫子狠命地踩着蜘蛛，一边踩一边说："你嘴上讲得挺厉害，可你又有什么本事呢？我这个泥巴脚倒要领教领教，看你能不能咬死我！"毒蜘蛛被踩死了。在它生命的最后一刻，仍然狠命地在农夫的大脚掌上咬了一口。但不知是因为农夫的脚掌上长满了厚厚的老茧，还是因为农夫深信蜘蛛的威胁只不过是吹牛，农夫除了感到被毒蜘蛛轻轻地蜇一下之外，并没有任何别的感觉，脚板也没有留下什么印迹。

犹太父母经常给孩子讲这个故事，告诉孩子：不要说大话，说大话是无知自满的表现，当一个人说大话时，就会失去一个人应有的谦虚恭敬，这样非常不利于人际交往。人首先要认清自己，也就是要有自知之明。一个人如果没有自知之明，就容易被自己的自负自傲冲昏头脑，变得自以为是。

富兰克林年轻时，曾是一个骄傲自大的人，他的言行常常表现得不可一世，所做所为更是咄咄逼人。造成他这种个性的最大原因，归咎于他的父亲从小纵容他，并从来不对他的这种行为加以教导和指正。

后来他父亲的一位挚友看不过去了，有一天，父亲的挚友把富兰克林叫到面前，用很温和的言语，规劝了他一番。这番规劝后，竟使富兰克林从此一改往日的行为，慢慢变得谦虚谨慎起来，得到了众人的尊重，以后又渐渐地拥有了丰富的人脉资源，最终踏上了成功之路。

父亲的那位挚友是如何规劝富兰克林的呢？那位叔叔对富兰克林说："你想想看，你那不肯尊重他人意见，事事都固执己见的行为，结果会使你怎样呢？人家在遭受了几次难堪的境地后，谁也不会再愿意听你那一番矜夸骄傲的言论了。你的朋友们将一一远离你，免得受一肚子气，这样你将不能交到好朋友，也不能从别人那里获得半点儿学识。何况你现在所知道的事情，老实说，还有限得很，根本不管用。"

富兰克林听了这一番话，大为感慨，他思考了多日，明白了自己过去所犯的错误，决定从此痛改前非，从此，他的言行变得谦恭和婉，他不断提高自己的修养，说话做事时时慎防有损他人尊严。

不久，富兰克林便从一个被很多人鄙视、拒绝与他交往的自负者，成为受人欢迎爱戴的人脉高手了，而富兰克林一生的事业飞跃发展也得力于那次谈话后他的改变。

如果富兰克林当时没有接受那位长辈的劝勉，仍旧事事一意孤行，不把他人放在眼里，那结果一定不堪设想，美国也会少一位伟大的领袖。

犹太人认为，自大自傲是危险的，自以为的行为会使你被周围的人厌恶，给别人留下不好的印象，这样你所能交上的新朋友，永远没有你所失去的老朋友多，直到你被周围朋友遗弃。试想做人到了那种地步，别说发展了，连基本的生活乐趣都没有了。所以，谦虚低调，是一个有涵养的人对自己的基本要求。谦虚谨慎的人不摆架子，不盛气凌人，他们能够虚心向别人学习，正像美国第三届总统托马斯·杰斐逊所说："每个人都是你的老师。"

杰斐逊出身于贵族家庭，他的父亲曾经是军中的上将，母亲是名门之后。当时的贵族除了发号施令以外，很少与平民百姓交往，因为他们看不起平民百姓。

然而，杰斐逊没有秉承贵族阶层的恶习，主动与各阶层人士交往。杰斐逊的朋友中不乏社会名流，但更多的是普通的园丁、仆人、农民或者贫穷的工人。杰斐逊善于向各种人学习，他认为每个人都有自己的长处。有一次，他和法国伟人拉法叶特说："你必须像我一样到民众家去走一走，看一看他们的菜碗，尝一尝他们吃的面包，只要你这样做了的话，你就会了解到民众不满的原因，并会懂得正在酝酿的法国革命的意义。"由于杰斐逊作风扎实，深入实际，虽高居总统宝座，却很清楚民众究竟在想什么，需要什么。这样，他在与群众关系密切的基础上，成为了一代伟人。

　　谦虚谨慎的人有自知之明，他们面对成功、荣誉不骄傲，而是把它视为一种激励自己继续前进的力量，他们不会陷在荣誉和成功的喜悦中不能自拔，他们也不会把成功、荣誉当成包袱背在身上，沾沾自喜于一时之绩，不再进取。

　　古希腊著名哲学家苏格拉底，不但才华横溢、著作等身，而且广招门生、奖掖后进。当人们赞叹他学识渊博、智慧超群时，苏格拉底总是谦逊地说："我唯一知道的就是自己仍有很多未知的东西。"

牛顿是科学史上的巨人之一。他发现了万有引力定律，建立了成为经典力学基础的牛顿运动定律；他进行了光的分解并创立了光学；在热力学方面，他确定了冷却定律；在天文学方面，他创制了反射望远镜，他考察到了行星运动规律，科学地解释了潮汐现象，预言了地球不是正球体；在数学方面，他是微积分学的创始人……恩格斯曾在《英国状况》一文中对牛顿的伟大成就赞叹不已。然而牛顿自己却非常谦逊。他临终的时候，当听到探望他的亲朋好友说："你是我们这个时代的伟人……"牛顿摇摇头说："不要那么说，我不知道世人怎样看我，我自己只觉得好像是一个在海滨玩要的孩子，偶尔拾到了几只光亮的贝壳。但真理的汪洋大海在我眼前还未被认识、被发现。"停顿了片刻，牛顿又说："如果说我比笛卡尔看得远些，那是因为我站在了巨人们的肩膀上。"说完这段话，他平静地闭上了眼睛。

谦虚的人就是这样，不骄不躁，是既不平凡又很平凡的人。

犹太人的
经商智慧课

第三章

底线意识，
做人做事有智慧

拥有正确前进的方向

《塔木德》中说："如果一艘船不知道该驶去哪个港口，那么任何方向吹来的风都不会是顺风"。这句话的意思是人的一生不能没有一个明确的目标和方向。

目标与方向主导了人一生的命运与成就，它也是驱使人不断努力奋进的原动力。一个人若心中没有一个明确的目标和方向，努力就会虚耗精力与生命，就如一个没有方向盘的超级跑车，即使拥有最强有力的引擎，最终仍是废铁一堆，发挥不了任何作用。

　　所以，人需要为自己定一个前进的正确目标，一个能激励自己、给自己希望的正确方向。犹太人认为，正确目标和方向对人的发展和进步太重要了。

　　爱因斯坦一生所取得的成功，是世界公认的，他被誉为20世纪最伟大的科学家。爱因斯坦之所以能够取得如此令人瞩目的成绩，和他一生具有明确的奋斗目标和方向是分不开的。

　　爱因斯坦出生在德国的一个贫苦犹太家庭，家庭经济条件不好，加上小学、中学的学习成绩平平，虽然有志往科学领域发展，但他有自知之明，知道必须发挥优势。爱因斯坦认为，自己虽然总的成绩平平，但对物理和数学兴趣浓厚，成绩较好。如果在物理和数学方面确立目标和方向可能会有些成就，而其他方面的优势因为不及他人，所以最好放弃。因此，爱因斯坦在读大学时，选读了瑞士苏黎世联邦理工学院物理学专业。

　　由于奋斗目标和方向选得准确，爱因斯坦的个人潜能得以充分发挥，他在26岁时就发表了科研论文《分子尺度的新测定》，以后几年他又相继发表了4篇重要科学论文，他发展了普朗克的量子概念，提出了光量子除了有波的形状外，还具有粒子的特性，圆满地解释了光电效应，宣告了狭义相对论的建立和人类对宇宙认识的重大变革，取得了前人未有的显著成就。可见，爱因斯坦正确确立目标和方向的重要性。假如他当年把自己的目标和方向确立在音乐上（他曾是音乐爱好者），恐怕就难于取得像在物理学上那么辉煌的成就了。

爱因斯坦是一个善于根据目标和方向的需要进行努力的人，因而他使自己有限的精力得到了充分的利用和发挥。爱因斯坦创造了高效率的定向选学法，即在学习中找出能把自己的知识引导到目标和方向上面的方法，抛弃了那些偏离既定目标和方向的一切所做所为，这样集中力量和智慧攻克选定的"目标"。

爱因斯坦一生所取得的成就与自己选定的目标是密切相关的，他从选定目标的那一刻起，就将其作为自己努力的方向，倾尽毕生的心血去奋斗，这是当今社会上每个年轻人都要学习的。

1952年，以色列国鉴于爱因斯坦科学成就卓越，声望颇高，加上他又是犹太人，当该国第一任总统魏兹曼逝世后，便邀请爱因斯坦接受总统职务，但爱因斯坦婉言谢绝了，他坦然承认自己不适合担任总统职务。原因很简单，他觉得这不是自己设立的奋斗目标。

如今很多人的目标飘忽不定，经常是今天想搞学问，明天想创办企业，后天又想做个职业经理人……不确定的目标实际上会害人的，因为它们无法成为人奋斗的动力，人只有经过认真地思考，明确适合自己的奋斗目标，才能坚持不懈地朝着目标努力，成功才会离自己越来越近。

有这样一个故事：

一个酷爱自然的人每年10月都要去湖边看野鸭南飞的景观。有一年十月，他隔几天就带一大袋饲料，到湖边去喂鸭子。鸭子吃过饲料后，有些就不再辛苦地向南飞了，等着他喂食，在此湖里过冬。

这个人从此后，每年都带饲料来喂鸭，向南飞的鸭子越来越少，四五年之后，留在本地的鸭子不仅多了，而且变得又肥又懒，根本就飞不起来了。最终它们放弃了"南方"那个目标，选择了等待"喂食"的目标。究其原因，是它们不思进取所致。

所以，明确的目标是实现梦想的阶梯和动力。人要想成功，首先要有一个明确的目标，这样才有努力的方向。

有一位哲学博士一天于田野中漫步时，发现水田当中新插的秧苗排列得非常整齐，犹如用尺丈量过一般。他不禁好奇地问田中工作的农人是如何办到的。

农人忙着插秧，头也不抬，要博士自己取一把秧苗插插看。博士卷起裤管，很快地插完一排秧苗，结果一看参差不齐。他再次请教农人，如何能插一排笔直的秧苗。

农人告诉他，在弯腰插秧的同时，眼睛要盯住一样东西，然后朝着那个目标前进，即可插出一列笔直的秧苗。

博士依言而行，不料这次插好的秧苗，竟成了一道弯曲的弧形，划过了半边的水田。他又虚心地请教农人，农人问他："你的眼光是否盯住了一样东西?"博士答道："是啊，我盯住那边吃草的一头水牛，那可是一个大目标啊!"

农人说："水牛边走边吃草，而你插的秧苗也跟着移动，你想，这道弧形是怎么来的?"博士恍然大悟。下次，他选定了远处的一棵大树，结果所插秧苗整齐划一。

成功的果实如同田里排列整齐的种苗。你是愿意拥有一片排列整齐的漂亮秧苗，还是愿意得到一列参差不齐、扭曲歪斜的秧苗?人定下目标，不要更改，否则就会不集中精力，人只有朝着一个目标坚定不移地努力，才能取得出色的成绩。

心态要像暖暖的太阳

《塔木德》中说："如果折断了一条腿，你就应该感谢上帝没有折断你两条腿；如果你折断了两条腿，你就应该感谢上帝没有折断你的脖子。"好心态是犹太民族生存、发展、壮大的精神支柱。

曾经有过一场被视为破烂拍卖会的拍卖。拍卖商走到一把看起来非常旧、非常破、样子磨损得非常厉害的小提琴旁，拿起小提琴，拨了一下琴弦，结果发出的声音跑调了，难听得要命。他看着这把又旧又脏的小提琴，皱着眉头、毫无热情地开始出价，10美元，没人接手；他把价格降到5美元，还是没有反应。他继续降价，一直降到1美元。他说："1美元，只有1美元。我知道它值不了多少钱，可只要花1美元就能把它拿走！"

一位头发花白、留着长长的白胡子的老人走到前面，问拍卖商能否看看这把琴。拍卖商递过琴，老人拿出手绢，把灰尘和脏痕从琴上擦去，他慢慢拨动着琴弦，一丝不苟地给每一根弦调音。然后老人把这只破旧的小提琴放到下巴上，开始演奏。

美妙的旋律从破旧的小提琴中流淌出来。拍卖商大声问观众起拍价应是多少。一个观众说100美元，另一个观众说200美元，价格不断上升，直到最后以1000美元的价格成交。

为什么有人肯花1000美元买一把破旧的、曾经1美元都没人买的小提琴？因为它已经被调准了音，能够弹出优美的乐曲。其实，人也像一把小提琴，心态好比琴弦，调整好了心态，别人就不会轻视你的价值。

人生不如意十之有七八。决定人幸福或不幸、快乐或痛苦的，不是身处的处境，而是心态。人生路上，不管发生了多么令人不愉快的事情，只要保持阳光心态，勇敢地去面对，就不会被艰难险阻打败。有一句话值得我们记住：积极的心态像太阳，照到哪里哪里暖。

有位刚毕业的大学生，应征入伍，军队把他分到了最艰苦也是最危险的海军陆战队去服役。

当这位年轻人得知自己被海军陆战队选中后，心情开始郁闷，表现出忧心忡忡的模样。在大学任教的祖父见孙子一副魂不守舍的模样，便开导他说："孩子啊，这没有什么好担心的。到了海军陆战队，你将会有两个机会，一个是留在内勤部门，一个是分配到外勤部门。如果你分配到了内勤部门，就完全用不着担惊受怕了。"

年轻人问爷爷："那要是我被分配到外勤部门呢？"

爷爷说："那同样会有两个机会，一个是留在美国本土，另一个是分配到国外的军事基地。如果你被分配到和平友善的国家，那也是件值得庆幸的好事。"

年轻人问："爷爷，那要是我不幸被分配到维和地区呢？"

爷爷说："那同样也有两个机会，一个是依然能够保全性命，另一个是完全救治无效。如果尚能保全性命你还担心它干什么呢？"

年轻人问："那要是完全救治无效怎么办呢？"

爷爷说："那也还是有两个机会，一个是作为勇于冲锋陷阵的国家英雄而死，一个是唯唯诺诺躲在别人后面而不幸遇难。你当然会选择前者，既然会成为英雄还有什么好担心的。"

年轻人瞬间心情好转起来。

是的，就像上面故事中说的那样，无论人生遇到什么样的际遇，都会有两个机会，一个是好机会，一个是坏机会。好机会中有坏机会，而坏机会中又有好机会。好机会与坏机会，关键是人以什么样的眼光、什么样的视角去看待它们。如果用乐观豁达、积极向上的心态去看待，那么，坏机会也会转变为好机会；如果用消极、悲观沮丧的心态去对待，那么好机会也会被看成是坏机会。

佛烈德·富勒·须德是费城《告示报》的编辑。有一次，他在一所大学毕业班演讲，讲完后，他忽然问大家道："有多少人锯过木屑？"

全场愕然，没有一个人举手。

"当然，你们不可能去锯木屑。"须德说，"因为木屑是已经锯下来的。所以过去了的事情也是一样，当你为那些已经做过的事情忧虑重重时，你只不过是在锯木屑而已。"

　　成功学家戴尔·卡耐基对"不要去锯木屑"的比喻非常赞赏。卡耐基曾经问过81岁高龄的棒球老将杰克·邓普赛："你有没有为输了的比赛而烦恼过？"

　　"噢，有的，我年轻时常常这样。"邓普赛回答说，"可是最近几十年来，我再也不干这种傻事了。"

　　"你怎么觉得那是傻事呢？"卡耐基问道。

　　"因为磨完的粉子不能再磨，水已经把它们冲到底下去了。"

　　对此，卡耐基感叹良深："磨完的粉子，不能再磨；锯木头剩下的木屑，不能再锯；所以，过去的事情，不要再去想了！"

　　是的，我们千万不要忘了——不要去锯木屑、再磨粉子。生活中出现了失败和挫折，我们不要忧虑，因为再怎么难过没有用，我们需要振作、反思，摆脱困境，而这也是犹太人提出的永葆好心态面对生活态度的最好印证。

提高自我效能感

《塔木德》中说："如果你相信你会成功，成功便会发生，如果你相信你会失败，失败便会找上门。无论如何，我们都是在证明给自己看。"犹太人认为，人生而贫穷没有过错，但死而贫穷却不应该，尤其是让贫穷终其一生，无力消除贫穷创造财富，更是不可宽恕的。

20世纪70年代，美国当代著名心理学家斯坦福大学心理学系教授阿尔伯特·班杜拉提出了"成功者一定认为自己最棒，并相信自己能做到"的理论，即"自我效能感"理论，这个理论认为要提高自己成功的信心，要有自己"最棒"的理念。

"自我效能感"与一般人们认为的有自信心还是有很大区别的。像有自信心，就是一个笼统的"自我相信"的理念，而"自我效能感"是相信自己一定行，相信自己无论如何都能比别人棒，是"自我相信"的最高级。

事实上，很多成功的人，在他们还是不起眼的普通人的时候，他们就深深地相信，他们能"做到某件事"！他们认为自己"很棒"，而且是"最棒"。他们觉得，自己先天条件不好没关系，自己处境不如人也无所谓，重要的是，"自己"要相信自己可以充分发挥内在效能，将要做的事情做得最好！

很多心理学家发现，一些成功人士在未成功时有这样或那样不如他人的问题，但他们却拥有高度的"自我效能感"！比如：

"我虽不太聪明，但我可以做成这件事！"

"我虽长得一般，但我偏偏就是可以做到这件事！"

"我虽贫穷，但我无论如何都可以做到这件事！"

这些拥有高度"自我效能感"的人，认为："成事不在天，而在于本人！"他们拥有做事每一分的"控制权"，他们认定了自己要做事就要做成功！由于他们有高度的"自我效能感"，即使遇到了挫折和障碍，他们也能够在艰难险阻中继续前行！

有趣的是，有些自认为"自信"的人，做事不见得可以做到持之以恒。或许就是因为有自信，所以这些人做了一阵子，发现一直在碰壁，于是放弃此事换其他事情做。由于他们不执着朝目标努力，结果因为过早地放弃而失去了很多本来可以成功的机会。

拿破仑·希尔说："为了有效解决问题，首先你要强烈地相信自己能够解决。""自我效能感"就是要有坚持到底的精神。有些事情很多人之所以不愿去做，是因为他们想当然地认为做这些事很困难。其实，人只要能拿出勇气坚持下去，也许很快就能排除障碍，铺平走向成功的道路。

哈佛大学曾做过一项关于学习新知识的调查研究，研究人员发现，没有计划过如何完成作业的学生，作业的正确率只有55%，而预先做过详细计划的学生，作业的正确率竟接近100%！

还有一个有趣的心理试验，研究人员把水平相当的足球队员分为三个小组，告诉第一个小组停止练习射门一个月；对第二个小组则要求在一个月之内每天下午在球场上练习射门一小时；至于第三个小组，他们让小组人员在一个月中每天自己想象练习射门一小时。

一个月后研究人员公布结果：第一组射门的成功率由39%降到37%，第二组射门成功率由39%上升到了41%，这两组的数据都在大家的预料之中。但是第三组的射门结果却令人感到极为意外：他们射门的成功率由39%上升到了42.5%！

在想象中练习射门技术，怎么能够比实地练习提高得还要快呢？其实，这正是他们在思想中模拟成功的效果——在第三组人的想象中，他们踢出的球都进入了球门。

其实成功者就像第三组球员，他们不断地创造或者模拟着他们想要获得成功的经历，这些模拟的成功不停地激励着他们自己，使他们想象自己已是成功者，结果，他们真就成为了成功者；而失败者，往往在一次次的失败经历中被失败打倒，此后，这些屡次失败的人在想象中，更多的是对失败的担心与畏惧，结果，这些人就真的成了失败者。

所以，在前往成功的路上，形象化的设想——或者说在脑海里创造出鲜明的、激动人心的画面——是人们拥有最有力却没有得到充分使用的工具，这也是"自我效能"产生的最高级方法。因为人们在真实生活中从事各种活动时，大脑的思维过程与设想进行的思维过程是相同的，也就是说，人的大脑认为：设想某件事和实际做某件事之间，在整个思维过程上并无本质区别。

思想具有决定命运和结局的力量，这是一个普遍的真理。伦敦大学的罗勃·博哈利博士在教导智障孩子学习时说："想一个你认识的很聪明的人，然后闭上双眼，想象你就是那个聪明的人。"孩子们照做后，接下来的测试结果显示的分数都有显著的提高。

为什么这个实验结果会如此神奇呢？原来一个人如果调动了全部身心，投入到非常生动的想象中去，大脑的潜意识便分辨不出什么是现实，什么是想象，然后大脑就会按照人在想象时创造的记忆线路自动下达行动指令，引导人走向自己强烈设想的情境中。

詹姆斯·纳斯美瑟少校梦想在高尔夫球技上能够突飞猛进，于是他发明了一种独特的方式用以达到目标。在此之前，他的水平和一般在周末才打球的人差不多，水准在中下游。但他发明独特方法后的7年间，他没碰过球杆，没踏进过球场，而7年后的一天，当他上球场打球时，却打出了高水平的球。

原来，在那7年间，纳斯美瑟少校用了不得已的"先进技术"来增进他的球技——这个"技术"人人都可以效仿。运用这种方法，7年后当他第一次踏上高尔夫球场时，就打出了令人惊讶的74杆，这比他以前打的平均杆数仅低20杆，而他却7年未打过球！这真是难以置信。

7年间，纳斯美瑟少校是在越南的战俘营中度过的。他被关在一个只有4尺半高、5尺长的笼子里。绝大部分时间他都被囚禁着，看不到任何人，也没有人和他说话，他更没有任何体能活动。开始的几个月他什么也没做，只祈求着赶快脱身。后来他意识到必须发明某种方式，使之占据心灵，不然他会发疯或死掉，于是他学习建立"心像运动"。

他选择了最喜欢的高尔夫球，开始想象着打起了高尔夫球。每天，他在幻想中的高尔夫乡村俱乐部打18洞。他看见自己穿着高尔夫球装，闻着绿树的芬芳和草的香气。他还尝试着体验不同的天气状况，在他的想象中，球台、草、树、啼叫的鸟、跳来跳去的松鼠、球场的地形都历历在目。他感觉自己的手握着球杆，练习着各种推杆与挥杆的技巧。他看到球落在修整过的草坪上，跳了几下，滚到他所选择的特定点上，而这一切都在他脑子中发生。

在很多人看来，詹姆斯·纳斯美瑟少校的"心像术"是一种徒劳无功、不切实际的幻想，但实际上，这种"心像"的建立是需要热爱生活、追求理想的力量来支撑的。

这听起来不可思议吗？可它就是事实。人类学家认为，当人每天在脑海里预演实现目标的情景时，首先，这种方法会使大脑的网状系统得到调整，让人调动任何"能帮助你实现目标"的因素，同时使人抛弃那些干扰成功路线的因素。其次，这种方法会刺激人的潜意识，让人的思维变得灵活起来，让一些能够达成理想目标的方法创造出来；最后，形象化设想能够提高人的积极主动性，使人更加自信，而结果就是人会发现自己能完成很多以前自己不敢去做或认为不能做到的事情。

英国小说家毛姆说："人生实在奇妙，如果你坚持只要最好的，往往都能如愿。"人的每一个梦想，只要持之以恒，都会梦想成真。无论环境如何困苦，只要不向逆境低头，只要敢于行动就可获得成功，就没有什么不能实现。

拿破仑·希尔曾经做过这样一个试验，他问学生："你们有多少人觉得我们可以在30年内废除所有的监狱？"

学生们觉得这个问题很不可思议，他们怀疑自己听错了。一阵沉默后，拿破仑·希尔又重复了一遍："你们有多少人觉得我们可以在30年内废除所有的监狱？"

确信拿破仑·希尔不是在开玩笑之后，马上有学生站起来大声反驳："这怎么可以，要是把那些杀人犯、抢劫犯以及强奸犯全部释放，你想想会有什么可怕的后果？这个社会别想得到安宁了。无论如何，监狱是必须存在的。"

其他学生也开始七嘴八舌地讨论："我们正常的生活会受到威胁。""有些人天生心肠坏，改不好的。""监狱可能还不够用呢！""天天都有犯罪案件发生！"还有学生说有了监狱，警察和狱卒才有工作做，否则，他们都要失业了。

拿破仑·希尔等学生们说完后，接着说："你们说了各种不能废除的理由。现在，我们来试着相信可以废除监狱，假设可以废除，我们该怎么做。"

学生们勉强把这个话题当成试验，开始静静地思索。过了一会儿，有学生犹豫地说："成立更多的青年活动中心，应该可以减少犯罪事件。"

不久，这群在10分钟以前持反对意见的学生们，开始热心地参与了话题的讨论，纷纷提出自己认为可行的措施。"先消除贫穷，低收入阶层的犯罪率高。""采取预防犯罪的措施，辨认、疏导有犯罪倾向的人。""借医学方法来医治某些罪犯。"……

　　最后，学生们居然提出了78种构想。

　　所以，没有什么事做不到，人只要想做。心理学家经研究认为；如果想做成功一件事，很大程度上，"自我效能"的大小决定了做事的结果。因为当你认为某件事不可能做到时，你的大脑就会为你找出种种做不到的理由，但是，当你真正相信某件事确实可以做到，你的大脑也会帮你找出能做到的各种方法。

正确认识成功与失败

《塔木德》中说："人生的大门往往是没有钥匙的，在命运的关键时刻，人最需要的不是墨守成规，而是一块砸碎障碍的石头。"犹太人认为，人不能丧失对生活的信心，抱怨、等待没有任何意义，因为没人能帮助你渡过难关，只有你自己。

有这样一个男人。他从记事起，就知道父亲是个赌徒，母亲是个酒鬼。父亲赌输了，打完母亲再打他；母亲喝醉后，同样也是拿他出气。拳打脚踢中，他渐渐地长大了，但经常是鼻青脸肿，甚至皮开肉绽。好在那条街上的孩子大都与他一样，成天不是挨打就是挨骂。

像周围大多数的孩子一样，他跌跌撞撞上到高中时，便辍学了。接下来，街头鬼混的日子让他倍感无聊，而那些绅士淑女们蔑视的眼光更让他觉得自惭形秽。他一次次地问自己：这样下去，自己不是和父母一样了吗？成为社会垃圾、人类渣滓，带给别人留给自己的都是痛苦。难道自己一辈子就在别人的白眼中度过吗？

在一次又一次的痛苦追问后，他下定决心走一条与父母迥然不同的道路。但自己又能做些什么呢？他长时间地思索着。从政，可能性几乎为零；进大企业去发展，学历与文凭是不可逾越的高山；经商，没有本钱……最后，他想到了去当演员。这一行既不需要学历，也不需要资本，对他来说，实在是条不错的出路。可他有当演员的条件吗？相貌平平，又无表演天赋，再说也没受过什么专业训练！然而，他决心已下，相信自己能吃世间所有的苦。

于是，他开始了自己的"演员"之路。他来到了好莱坞，找明星，找导演，找制片人，向一切可能使他成为演员的人恳求：

"给我一个机会吧，我一定会演好的！"很不幸，他一次又一次地被拒绝了，但他并不气馁。他知道，失败一定是有原因的，每当他被拒绝一次，他就认真反省、检讨，然后再度出发，寻找新的机会。为了维持生活，他在好莱坞打工，干些笨重的零活。

两年一晃而过，他遭到了1000多次拒绝。

面对如此沉重的打击，他也曾暗自垂泪："难道真的没有希望了吗？难道赌徒酒鬼的儿子就只能做赌徒酒鬼吗？不行，我必须继续努力！"

他想，既然直接做演员的道路如此艰难，那么能不能换一个方法呢？他开始尝试着"迂回前进"：先写剧本，待剧本被导演看中后，再要求当演员。

此时他已不是初来好莱坞的"门外汉"了，两年多的耳濡目染，每一次的拒绝，都是一次学习和一次进步……他大胆地动笔了。

一年后，剧本被写了出来，他又拿着剧本遍访各位导演："这个剧本怎么样？让我当主演吧！"很多导演认为他写的剧本还可以，但让他这样一个无名之辈做主演，那简直是天大的玩笑。不用说，他又多次被拒之门外。

面对拒绝，他不断地鼓励自己："不要紧，也许下一次能行，下下一次……"在他遭到1300多次拒绝后，一位曾拒绝了他20多次的导演对他说："我不知道你能不能演好，但你的精神让我感动，我可以给你一个机会。我要把你的剧本改成电视连续剧，不过，先只拍一集，让你当男主角，看看效果再说；如果效果不好，你便从此断了当演员的念头吧。"

为了这一刻，他已做了3年多的准备，机会是如此宝贵，他怎能不全力以赴？3年多的恳求，3年多的磨难，3年多的潜心学习，让他将生命融入了自己的第一个角色中，幸运女神终于对他露出了笑脸。他主演的第一集电视剧创下了当时全美的最高收视纪录——他成功了！

现在，他已经是世界顶尖的电影巨星——他就是大家熟悉的史泰龙。

一个人要想干成一番事业，难免会遭遇挫折、遭逢困难和艰辛。然而，挫折只能吓住那些性格软弱的人，对于真正坚强的人来说，任何挫折都难以迫使他就范；相反，困难越多，对手越强，他们就越感到拼搏有味道，因为他们就要做砸碎障碍的石头。

现今，我们从大多数成功犹太人的创业经历中可以发现，很多商机往往隐藏在挫折之中，关键看人是否能够通过挫折的考验而最终加入强者的行列。

19世纪中叶，发现金矿的消息从美国加州传来。许多人认为这个发财的机会千载难逢，于是纷纷奔赴加州。17岁的犹太人亚默尔也成为这支庞大的淘金队伍中的一员。

淘金梦的确很美，做这种梦的人也比比皆是，而且还有越来越多的人纷至沓来，一时间加州遍地都是淘金者，而金子却变得越来越难淘。

不但金子难淘，淘金者的生活也越来越艰苦。当地气候干燥，水源奇缺，许多淘金者不但没有圆致富梦，反而丧身此处。亚默尔经过一段时间的努力，和大多数人一样，不但没有得到黄金，反而被饥渴折磨得半死。

一天，望着水袋中一点儿也舍不得喝的水，听着周围人对缺水的抱怨，亚默尔忽发奇想：淘金的希望太渺茫了，还不如卖水呢。

亚默尔毅然放弃了淘金，将手中挖金矿的工具变成挖水渠的工具，从远方将河水引入水池，用细沙将水过滤，使之成为清凉可口的饮用水。

然后亚默尔将水装进桶里，一壶一壶地卖给淘金的人。当时有人嘲笑亚默尔，说他胸无大志："千辛万苦地来到加州，不挖金子发大财，却干起这种蝇头小利的小买卖，这种生意哪儿不能干，何必跑到这里来？"

亚默尔毫不在意，继续卖他的水。哪里有这样的好买卖？把几乎无成本的水卖出去；哪里有这样好的市场？因为所有的淘金者都需要喝到用以救命的水。结果，很多淘金者都空手而归，而亚默尔却在很短的时间内靠卖水赚到了几千美元，这在当时可是一笔非常可观的财富。

在困难面前能否有迎难而上的勇气，取决于是否有和困难拼搏的心理准备，也取决于是否有依靠自己的力量克服困难的坚强决心。许多人在困境中之所以变得沮丧，是因为他们原先并没有与困难作战的心理准备。因此一遇挫折、困境时便张皇失措，或怨天尤人，或到处求援，或借酒消愁；而这些做法只能瓦解自己的意志和毅力，客观上帮助困难打倒自己；还有的人，面对不易克服的困难、挫折，不愿竭尽自己的全力，心安理得地给自己放弃寻找理由："不是我不努力，而是困难太大了。"这种"天亡我，非战之罪也"的归因，所保护下来的不是征服困难的勇气和决心，而是怯弱和灰心。不言而喻，这种人也永远找不到战胜挫折的方法。

还有人认为：经受住数十次、数百次挫折的打击而精神不垮，大概需要钢筋铁骨般的坚强意志，那是超人才能做到的。实际上这个世界哪里有超人，坚强的毅力并不单纯来自忍受，还来源于对挫折的科学认识和正确评价。

挫折里面包含着成功。一次挫折即是一次经验的积累，而被挫折吓倒的人，与其说是害怕失败，不如说是对挫折缺乏正确的认识。很多人把挫折看作一种不幸和灾难，在开始做事之时，就抱有"只许成功不许失败"的想法，这不仅不现实，也是不明智的。人在行动之前只做成功的打算，不做失败的准备，会削弱对失败的心理承受力，从而在挫折面前变得十分脆弱。

由此可见，"失败者"和"成功者"这几个字很难恰当地形容某一个人，它们只能描述在某个特定时间、特定地点的人的状态。因为，任何此时的成功可能连着彼时的失败，任何事情的失败也许正蕴涵着另一项事情的成功。所以，对事情只作"成功"和"失败"的机械划分，是考虑不周全的表现。

人对挫折要有正确的认识，对失败也要采取正确的态度，那样就不容易被失败打倒，就不容易在成功时骄傲。当然，屡经失败是一件痛苦的事，但不悔的坚强毅力是在挫折中产生的。

尊重自己的工作

《塔木德》中说："人若工作，便为有福。"犹太人认为，无论做哪一行，人都必须要尊重自己的工作，这样才能成为工作中的精英，才能赚到这一行的钱。

纳尔逊中学是美国一所古老的中学，它是由第一批登上美洲大陆的73名教徒集资创办的。在这所中学的大门口，有两尊用苏格兰黑色大理石雕成的雕像，左边是一只苍鹰，右边是一匹骏马。300多年来，这两尊雕像成了纳尔逊中学的标志，它们或被刻在校徽上，或被印在明信片上，或被微缩成微雕摆放在礼品盒中。许多人以为鹰代表着"鹏程万里"，马代表着"马到成功"。可是，仔细研究历史后，了解了这两尊雕像的起缘后，就会发现，根本不是那么回事儿。

那只鹰所代表的不是"鹏程万里"，它其实是一只被饿死的鹰。这只鹰为了实现飞遍世界的远大理想，苦练各种飞行本领，结果忘了学习觅食的技巧，在踏上征途的第四天就被饿死了。那匹马也不是什么千里马，而是一匹被剥了皮的马。开始的时候这匹马嫌它的第一位主人——一位磨坊主给的活多，乞求上帝把它换到一位农夫家；上帝满足了马的愿望，可是后来它又嫌农夫给它的饲料少；最后马到了一位皮匠手里，在那儿什么活儿也不用干，饲料也多，可是没几天，它的皮就被剥了下来。

那73名教徒之所以把这两尊雕塑耸立在学校的大门口，为的是让学生们警醒。真正能把人从饥饿、贫困和痛苦中拯救出来的，是工作、劳动和生存的技能，而不仅仅是理论知识的多与寡！因为空洞的理论必须和实践紧密结合才有价值。

一个人所做的工作是他人生态度的表现，人一生的职业是他志向的展示、理想的所在。所以，了解一个人的工作态度，在某种程度上就了解了那个人。看一个人是否能做好事情，主要是看他对待工作的态度。

著名管理专家威迪·斯太尔曾说："每个人都被赋予了工作的权利，一个人对待工作的态度决定了这个人对待生命的态度，工作是人的天职，是人类共同拥有和崇尚的一种精神。当我们把工作当成一项使命时，就能从中学到更多的知识，积累更多的经验，就能从全身心投入工作的过程中找到快乐，实现人生的价值。这种工作态度或许不会有立竿见影的效果，但可以肯定的是，当'轻视工作'成为一种习惯时，其结果可想而知。工作上的日渐平庸虽然表面看起来只是损失一些金钱或时间，但是对整个人生将会留下无法挽回的遗憾。"

下面是美国石油大王洛克菲勒写给儿子约翰的一封信，在信中他告诫儿子："如果你视工作为一种乐趣，人生就是天堂；如果你视工作为一种义务，人生就是地狱。"这是多么积极的工作观，相信每个人看了都会从中受益。他是这样写的：

亲爱的约翰：

我可以很自豪地说，我从未尝过失业的滋味。这并非我运气好，而是因为我从不把工作视为毫无乐趣的苦役，我总能从工作中找到无限的快乐。

我认为，工作是一项特权，它带来比维持生计更多的事物。工作是所有生意的基础，所有繁荣的来源，也是天才的塑造者。工作使年轻人奋发有为，工作是为生命增添味道的食盐。人们必须先爱它，然后工作才能给予我们最大的恩惠，从而让我们获得最大的成功。

我初进商界时，时常听说，一个人想"爬"到高峰需要牺牲很多。然而，岁月流逝，我开始了解到很多正爬向高峰的人，并不是在付出代价。他们努力工作是因为他们真正地喜爱工作。任何行业中往上爬的人都是全身心地投入到正在做的事情中，他们衷心喜爱从事的工作，自然也就容易取得成功了。

热爱工作是一种信念。怀着这个信念，我们能把绝望的大山凿成一块希望的磐石。

但有些人显然不够聪明，他们有野心，却对工作过分挑剔，一直在寻找"完美的"雇主或工作。事实是，雇主需要准时工作、诚实而努力的雇员，他只将加薪与升迁的机会留给那些格外努力、格外忠心、格外热心、花更多的时间做事的雇员，因为他在经营生意，而不是在做慈善事业，他需要的是那些更有价值的人。

我永远也忘不了我的第一份工作的经历。那时，我虽然每天天刚亮就得去上班，而办公室点着的油灯又很昏暗，但那份工作从未让我感到枯燥乏味，反而很令我着迷和喜悦，连办公室里的一切繁文缛节都不能让我对它失去热心。而结果是雇主总在不断地为我加薪。

收入只是你工作的副产品，做好你该做的事，出色地完成你该做的工作，理想的薪金必然会来。我们劳苦的最高报酬，不在于我们所获得的，而在于我们会因此成为什么样的人。那些头脑活跃的人拼命劳作绝对不是只为了赚钱，使他们工作热情得以持续下去的东西要比只知敛财的欲望更为高尚，他们在从事一项迷人的事业。

老实说我是一个野心家，从小我就想成为富人。对我来说，我受雇的休伊特·塔特尔公司是一个锻炼我的能力、让我一试身手的好地方。这家公司代理各种商品销售，拥有一座铁矿，还经营着两项让它赖以生存的事业，那就是给美国经济带来革命性变化的铁路与电报。这份工作把我带进了妙趣横生、广阔绚丽的商业世界，让我学会了尊重数字与事实，让我看到了运输业的强大生命力，更培养了我作为商人应具备的能力与素养。所有的这些都在我以后的经商中发挥了极大的效能。我可以说，没有在休伊特·塔特尔公司的磨炼，在事业上我或许要走很多弯路。

现在，每当想起休伊特·塔特尔公司，想起我当年的老雇主休伊特和塔特尔两位先生时，我的内心就不禁涌起感恩之情。那段工作生涯是我一生奋斗的开端，为我打下了奋起的基础，我永远对那三年半的经历感激不尽。

所以，我从未像有些人那样抱怨自己的雇主，说："我们只不过是奴隶，我们被雇主踩在脚下。他们却高高在上，在他们美丽的别墅里享乐。他们的保险柜里装满了黄金，他们所拥有的每一块钱，都是压榨我们得来的。"我不知道这些抱怨的人是否想过，是谁给了你就业的机会？是谁给了你建设家庭的可能？是谁让你得到了发展自己的可能？如果你已经意识到了别人对你的压榨，那你为什么不结束压榨，一走了之？

工作是一种态度，它决定了我们快乐与否。同样是石匠，同样在雕塑石像，如果你问他们："你在这里做什么？"他们中的一个人可能就会说："你看到了嘛，我正在凿石头，凿完这个我就可以回家了。"这种人永远视工作为惩罚，从他嘴里最常吐出的一个字就是"累"。

另一个人可能会说："你看到了嘛，我正在做雕像。这是一份很辛苦的工作，但是酬劳很高。毕竟我有太太和四个孩子，他们需要温饱。"这种人永远视工作为负担，从他嘴里经常吐出的一句话就是"养家糊口"。

第三个人可能会放下锤子，骄傲地指着石雕说："你看到了嘛，我正在做一件艺术品。"这种人永远以工作为荣，以工作为乐，在他嘴里最常吐出的一句话是"这个工作很有意义"。

天堂与地狱都是自己建造的。如果你赋予工作意义，不论工作的内容如何，你都会感到快乐。自我设定的成绩不论高低，都会使你对工作产生乐趣。如果你不喜欢做的话，任何简单的事都会变得困难、无趣。当你叫喊着这个工作很累人时，即使你不卖力气，你也会感到精疲力竭，反之则大不相同。

约翰，如果你视工作为一种乐趣，人生就是天堂；如果你视工作为一种义务，人生就是地狱。检视一下你的工作态度，那会让我们都感到愉快。

　　一个成功者之所以成功是有原因的，看了洛克菲勒教育儿子树立正确工作态度的书信，你的内心有何感受？是否也为此受到了巨大的震撼？当然，你过去对工作的态度如何这并不重要，毕竟那是已经过去的事了；重要的是，从现在开始，尊重你的工作，用心对待你的事业，这也是对你自己的人生负责！

把自己的心胸放大

《塔木德》中说："把你承受的容积放大些，味道就不一样了。"这里所说"承受的容积"，指的是人的心胸。

很多人说，宽容自己挺容易的，宽容别人就比较困难。但其实宽容自己也并不容易。还有些人认为自己是最不值得宽容的，于是总给自己许多负担、压力，其实这样做是错误的。一个人如果连自己都不能宽容，那又怎能宽容他人呢？

卜劳恩是德国著名的漫画家，他曾有一段时间极为消极，那段时间他正处于失业状态。后来他看了儿子和自己的日记后大为觉悟，一下子就转变了生活态度。

5月6日，星期一。真是个倒霉的日子。工作没找到，钱也花光了，更可气的是儿子又考砸了，这样的日子还有什么盼头？（卜劳恩）

5月6日，星期一。早上去上学的时候，我扶一位盲眼老奶奶过了马路，心情很好。只是这次考试不大理想，但当我把这个消息告诉爸爸，他却没有责备我，而是深深地看了我一眼，使我深受鼓舞。我决定努力学习，争取下次考好，不辜负爸爸的期望。（克里斯蒂安）

5月15日，星期天。这个该死的山姆，又在拉他的破小提琴，好不容易有个休息日，又被他吵得不得安宁。这样下去，我非报警没收了他的小提琴不可。（卜劳恩）

5月15日，星期天。山姆大叔的小提琴拉得越来越好了，我想，有机会我一定要去向他请教，让他教我拉小提琴。（克里斯蒂安）

当卜劳恩看了自己和儿子的日记后，半天不语。他不知道自己从什么时候开始，竟变得如此悲观厌世，难道自己对生活的承受力还不及一个孩子？

卜劳恩开始改变自己，他变得积极、乐观起来，努力寻找新工作。他给工厂打零工，给很多杂志画插图，后来他创作了连环漫画《父与子》，他成功了，被誉为德国幽默的象征，受到了人们的高度赞扬，声誉远远超越了国界。

当有记者采访他，要他证实成就的取得是否因为看了某个大师的书时，卜劳恩说："真正的大师是我儿子。"

宽容自己，就会理解天空需要朵朵白云的点缀；宽容自己，就能明白青松翠柏需要丛丛野花的衬托；宽容自己，就能体会到生命不是活给别人看的。

犹太人身上有种种美德。比如：宽容、谅解等，他们认为从更深层的意义上讲，人只有做到了对自己宽容、谅解，才能做到真正意义上的对别人宽容与谅解。

宽容自己，放下过去的"包袱"，开始新的征程，就会发现生活的道路越走越宽，眼界的范围越来越大，快乐、好运自然就来了。

每个人都有缺点，但能面对缺点，不视而不见或拒绝承认；不自暴自弃，不惩罚自己，不讨厌自己、不否定自己，就是宽容了自己，谅解了自己，也是热爱生活的表现。人的健康不仅仅是身体健康，还要呵护自己的心灵健康，即坦然面对自己内心的阴暗面，接受真实的自己，接受没有伪装的自己，放下内心对自己的不快与执着，用积极的人生观面对产生的错综复杂变化。

当然，宽容自己绝不等于放任自流，更不是在失败时为自己找个冠冕堂皇的理由。宽容自己，是要给自己"喘气"的机会，为下一次奋斗积蓄能量，从而获得更好的发展。

人很难达到完美，完美都是相对的。宽容自己就是要把失误、问题看作是宝贵的人生经验和教训，总结不足，不断提高和锻炼自己，让自己更优秀。

有一部美国电影，说的是一位抱着音乐家的梦想的姑娘为生计所迫，嫁给了一位勤劳朴实的农夫。家庭的重负使她失去了实现自己梦想的机会，她为此不能释怀，后来，她把梦想寄托在极富音乐天资的女儿身上，女儿考上了纽约音乐学院，她欣喜若狂。谁知不久，女儿却执意要辍学，去做一名农夫的妻子。

这位母亲痛心疾首，追问女儿为什么要如此。女儿说："我知道如果我不去考音乐学院，您就永远不会放过我。您希望我来实现您的梦想，这其实是执着于你当年未能实现的夙愿。可我的梦想只是要做我爱的人的妻子，也许我的梦想和您的梦想相比显得太渺小了，太卑微了，可是妈妈，我真的希望和我所爱的人拥有自己的孩子与土地。将来，我决不把自己的梦想遗传给自己的女儿，因为她会有自己的梦想。妈妈，为什么您就不能宽待自己的心灵，放下心中的纠结呢？"母亲听后沉默了。

生活中，如果我们的梦想因为现实而受阻，请赶快挣脱束缚的枷锁，当然，我们也不要苛求他人，即使是我们的亲人。

每个人生活都不容易，如果我们帮不了他人，对他人就更要有宽容之心，谅解之心。因为宽容他人，不是懦弱的表现，而是善于生活的智慧。所以，当我们面对自己苦苦纠结的事和人时，要立刻"放下"，适当地放宽心，这样你将发现天高海远，世间美好！

有句话说，心有多大，舞台就有多大。人要想干成事，心胸就要打开，大度看事、看人、看自己。

创造一个好环境

《塔木德》中说："好环境利于人的成长，不好环境拖人如入深潭。"犹太人认为环境对人的发展很重要，环境不好，会影响人的心态，进而影响人的命运。

环境的力量非常大，人如果不能识别和把握，在一定程度上会影响一生的发展。比如，人在一个充满爱的环境下，会懂得自爱并且学会爱人；而在一个充满怨恨的环境中生活，则很容易变得自私、怨毒。

环境可以塑造一个人，也可以毁灭一个人。如果生活在一个益于成长的大环境，人便能更好地成长，更好地发挥自己的才能；如果生活在一个不宜成长的狭小环境中，受环境影响，人往往无法施展才能，还会自暴自弃。

《三字经》有云："昔孟母，择邻处"，讲的便是孟母为孟子选择利于成长环境的故事。

孟子的父亲去世很早，他由母亲抚养长大。相传，孟子小时候，和母亲住在墓地旁边，经常会看到穿着孝服的丧葬队伍，唱着送葬的曲子，大声地哭泣。孟子和小伙伴们觉得很好玩，就模仿送葬人们的样子，跪拜，哭嚎，还用树枝在地面挖个洞，然后将一块石头埋了。孟子的母亲看到后，非常不安，不久，就带着孟子搬迁到了市集，然而他们却住在了一家杀猪屠户的旁边。

天生喜欢模仿的孟子，不久又开始学习商人做起买卖来的样子，诸如迎客、待客、与客人商议价格，样样皆通，表演得有板有眼。母亲看在眼里，急在心中，生怕孩子被耽误了。很快孟母又携孟子再次搬家。

这次孟子一家搬迁到一所学校旁边。每天听着朗朗的读书声，看着学生们在老师的带领下摇头晃脑地读书的样子，孟子也情不自禁地模仿起来。母亲这时才舒心地笑了：这是我们应该住的地方呀。

孟母择邻而居，后人把她和北宋文学家欧阳修的母亲、抗金名将岳飞的母亲、晋代名将陶侃的母亲同列为母亲的典范，号称中国"四大贤母"。

孟母的伟大就在于，她充分意识到了外在环境对一个人成长的重要性。所谓"近朱者赤，近墨者黑"的道理也在于此。不光孟母，古今成大事者，很多都是充分意识到了环境的重要性，而有意识地选择了有利于自己发展的环境而成才的。比如战国时期的李斯，也是一例。

据说，李斯还没做秦国宰相前，在乡里做一个小官。有一天他上厕所时，无意中发现，厕所中的老鼠吃的都是些不干净的东西，而且它们还得偷偷摸摸鬼鬼祟祟地吃，一听到动静，就赶紧躲起来。李斯想起粮仓中的老鼠。它们过的可是截然不同的生活：每天享用着吃不完的粮食，住在大屋子里，从来不用担心会受到人的惊扰。

由此，李斯感慨道：一个人到底能否成才，就像这老鼠一样，关键在于身处什么样的环境。后来李斯跟荀子学习帝王之道，学成之后，又在秦国找到了用武之地，终于成为一代名相。

看看，环境对人的影响有多大。"橘生淮南则为橘，生于淮北则为枳"，这句话也是对环境改变人的注释。所以，每个人都应该有意识地寻找、选择和创造最适合自己成长的环境，好环境会不断完善和充实自己。

国外科学家对幼鼠的实验也表明了外界环境对生长的重要性。科学家在实验中发现，缺乏母爱的幼鼠比那些受到母亲爱护的幼鼠有更强的恐惧心理。为了弄清其中原因，科学家在那些缺乏母爱的母鼠生下幼鼠后，将其中几只交由那些充满爱心的母鼠抚养，剩下几只则由母鼠自己抚养长大。结果发现，充满爱心的母鼠抚养的幼鼠，其恐惧心理要比那些缺乏母爱者抚养的幼鼠弱得多。

环境对人的影响是巨大的，所以我们切勿等闲视之，我们应时时检查自己所处的环境能否帮助我们成长、成才、成功，所处的环境是否充满积极正面的力量，环境中是否有正能量的人。

美国南部某州，每年举行一次南瓜大赛。一位犹太农夫年年都是金奖得主，而且每次得奖后，他都会把种子分给邻居，从不吝惜。有人问他为什么如此好心，不怕别人超过自己吗？他说：

"我这样做其实是在帮自己。"

原来，这位农夫的土地与邻居们的土地相连，如果别人家的南瓜品种都很差，蜜蜂在传花授粉时，势必使他家的南瓜受到影响，这样他家就培养不出优质的南瓜。

人的成长也如培育果实一样，难免会受到周围人的影响。如果你周围都是平常人，在大环境的影响下，你可能也会变成平常人；假如你的对手很弱小，那么，你因缺少有力的挑战，也可能变得弱小。

我们虽然很难改变外界环境，但可以选择环境。环境除了自然环境，还包含人这个因素。所以，除了选择外部环境，我们还应该选择与乐观向上的人在一起，与优秀的人在一起，与心存远大志向的人在一起，与心地善良的人在一起，与身心健康的人在一起，与志同道合的人在一起，这样大家互相影响，互相帮助，互相学习彼此的长处，就能共同进步。

中国近代著名文学家林纾在《畏庐琐记》中，曾记载了这样一个小故事：

有一富裕人家，拥有万贯家财。一天主人突发奇想，建了一栋大房子，砌了三道围墙，从各地找了20多位哑女，然后收养了一些私生子和由于家庭贫困无力抚养而遗弃的婴儿，让哑女们来哺育这些婴儿。

婴儿和哑女不能和外界有任何接触，他们的食物每天由专人从外面运进来。6年后，孩子们都长大了，他们都不会说话，只会通过"呦呦"的叫声来做简单的沟通。

又过了4年，主人命令将这些孩子从大房子中放出来，让他们和外界接触，结果不到一个月，这些孩子都会说话了。

看看，环境改变人的力量有多大！

语言本是人们和外界交流的工具，而人的性格是在长期的生活环境和社会实践中逐步形成的，客观环境的变化会使人的性格发生明显的变化。犹如物以类聚，人以群分，所以，选择好工作环境和生活环境，对人的气质培养至关重要。比如，在军营里成长的人就有一股军人气质。在大学生活时间长了，就有一种学者风范。同理，经常与地痞流氓在一起的人，身上就会染上一些流氓习气。因此，想成为气质高雅的人，就要与气质高雅的人长时间接触，这正是"亲君子、远小人"之道理。

所以，如果你想要有好的命运，那就不要和消极的人来往，消极的人会把消极的情绪传染给你；如果你想让内心溢满爱的芬芳，就要选择和那些善于肯定、懂得尊重别人的人交往，这样假以时日，你会发现，你跟这些人的言行越来越像。

当然，人的发展除了受客观环境的影响，也需要人的主观因素起作用。两个人志同道合，就会一拍即合；而价值观相同，就能一路同行。

价值观本没有对错，但人跟人生长环境不同，价值观也是不一样的。如果你身边人的价值观与你的截然不同，你们在同一件事上很难达成一致，那么或包容或求同存异，不要强求他人服从于你。

很多时候，一个人与环境格格不入，不一定是这个人做错了什么，也许是环境不适合这个人。举个例子，如果你是个上进的人，而你所在的环境中都是爱玩的人，在他们玩的时候，叫你玩你不玩，那么，在他们眼里，你就是格格不入的人，那么，你做错了吗？你没有错，他们错了吗？也不能说错，反过来，如果你是个爱玩的人，而你所在的群体都是以工作为第一的人，别人在努力工作的时候，就你一个人玩，时间长了，你会受影响吗？一定会！

所以，不管你现在身处怎样的环境，只要环境对你的发展不利，而你又没有办法改变环境，那么，就需要选择适合自己的环境，不能被动的在不合适的环境里把一生"葬送"。如果你认为自己当下所处的环境无法令你获得成功，你也可以去寻找一个能让自己成功的新环境，使自己的潜能得以激发，进步则必然如期而至。

第四章

友善对人，
成功要有人脉资源

完美的"首因效应"有助于合作

《塔木德》中说:"请保持你的礼貌和热情,不管对上帝,对你的朋友,还是对你的敌人。"犹太人是非常重视礼貌礼仪的,他们不仅说话礼貌,行为同样礼貌,他们认为礼貌待人会给自己带来好运。

两个素不相识的人,第一次见面时彼此留下的印象,会产生"首因效应",亦称"第一印象效应"。

美国心理学家洛钦斯于1957年首次采用实验方法研究"首因

效应"。洛钦斯设计了四篇不同的短文，分别描写一位名叫杰姆的人：第一篇文章整篇都把杰姆描述成一个开朗而友好的人；第二篇文章前半段把杰姆描述得开朗友好，后半段则把他描述得孤僻而不友好；第三篇与第二篇相反，前半段说杰姆孤僻不友好，后半段却说他开朗友好；第四篇文章全篇将杰姆描述得孤僻而不友好。

洛钦斯请四个组的被试者分别读这四篇文章，然后让这些被试者在一个量表上评估杰姆的为人是否友好。结果表明，人们阅读开朗友好的描写在先的文章时，评估为"友好"的人为78%；反之，评估为"友好"的人则降至18%。通过这个例子，洛钦斯证明了"首因效应"在人际交往中作用极为明显。

"首因效应"是说人们根据最初获得的信息所形成的印象不易改变，甚至会影响对后来获得的新信息的判断。

实验证明，人们对他人形成的第一印象是难以改变的。在日常交往中，尤其是在与他人初次交往时，人们往往习惯于依靠第一印象来评价一个人。比如，我们在决定是否与人合作之前，总是先习惯性地用审视的眼光打量对方，如果对对方的印象好，就会很乐意与之合作，这就是"首因效应"。

"首因效应"在人们的交往中起着非常微妙的作用，只要能准确地把握它，定能帮助你给自己的事业开创良好的人际关系氛围。

  精明的犹太人曾将"首因效应"巧妙地运用到他们的企业形象设计和经商过程中。《塔木德》中有这样一段话："人在自己的故乡所受的待遇视风度而定，在别的城市则视服饰而定。"就是说，在故乡，人们对熟人的评价并不受衣着的影响，因为人们了解这个人；但是一个人如果到了他乡，往往会被当地人"以貌取人"，即首因效应发生作用。

  20世纪30年代欧洲某国的一个小乡村里，住着一位犹太传教士，他每天早晨按时到一条乡间小路散步，无论在路上遇到任何人，他都会面带微笑并热情地打一声招呼："早安。"

  有一个叫阿米勒的年轻农民，起初对犹太传教士这声问候的反应特别冷漠。因为在当时，当地的居民对犹太传教士和犹太人的态度都很不友好。

  然而，年轻农民的冷漠并未改变犹太传教士的热情。每天早上，犹太传教士遇见这个年轻农民都会给一脸冷漠的他道一声"早安"。

  就这样，年复一年，犹太传教士在这个村子里生活着，直到纳粹党开始上台执政。

　　不幸的事情终于发生了，犹太传教士与村中所有的人都被纳粹党集中关起来，送往集中营。当走下火车，众人列队前行的时候，有一个手拿指挥棒的指挥官在前面挥动着棒子，叫着："左，右。"当时，左、右的含义不同，如果是向左，则是死路一条；如果是向右，则还有生存的机会。

　　终于，轮到了这位犹太传教士。他的名字被这位指挥官点到了，传教士浑身颤抖地走上前去，当他无助地抬起头时，不知是不是上帝有意安排，犹太传教士的眼睛一下子和指挥官的眼睛相遇了，原来这位指挥官正是那农民阿米勒。

　　犹太传教士习惯性地脱口而出："早安，指挥官先生。"

　　指挥官的脸上虽然没有任何表情变化，但仍然禁不住还了一句问候："早安。"声音低得只有他们二人才能听到。出人意料的是，犹太传教士被指向了右边——他有了活着的希望。

　　人，本来就很容易被感动，而感动一个人靠的未必是慷慨的施舍或者巨大的投入，往往一个热情的问候，一个灿烂的微笑，就能温暖一个人的心灵。

　　在犹太人的智慧里，微笑是礼貌的一种，一样都是很重要的社交手段，他们对待认识不认识的人，都会面带微笑。

酒店大亨希尔顿在巡视自己旗下连锁酒店时，总会微笑着问员工："今天，你对客人微笑了吗？"当被问道他为什么要微笑着而不是严肃地问员工时，希尔顿说："一、员工为我做了我不想做的事，社会工种有三六九等，尽管我们一直在强调要平等地对待从事不同工种的人，但是实际上离平等还有很大的距离。从另一个侧面来看，社会上之所以还在呼吁平等，原因就在于不平等的现象还普遍存在。就冲着这点，就该对下属微笑，感谢他们为部门为酒店所付出的劳动，因为真诚的微笑是这个世界上最单纯的礼物。二、下属或许刚出校门，或许是一个自卑的人，或许他工作了多年都没有得到过晋升，或许……一句话，下属比我们更辛苦。下属视我们为偶像，或是模仿的对象，因此，我们的鼓励和肯定对他们来说是莫大的支持。而我给他们一个微笑，让他们对自己充满信心，就会让他们有勇气朝着目标继续走下去。"

希尔顿可谓深得犹太人"驭人"之道的精髓，把"微笑管理"发挥得淋漓尽致。

微笑管理不是用微笑代替管理，而是强调在管理的过程中，管理人员要发自内心地对下属表示尊重、信任和关怀，用微笑来不断传递这些信息，让员工消除紧张、压抑的工作情绪，增添员工的信心和力量，让员工更积极、更乐意、更主动地做好工作。

犹太人认为只要自己每天保持良好的心情和积极的心态，微笑自然挂在脸上，而有了微笑，就能以此去感染和激励他人。试想，一个经常脸上愁云密布，时不时会提高嗓门大声呵斥别人的人，让与他合作的人或是他的家人每天除了战战兢兢、对其敬而远之、阳奉阴违以外，能从内心真正对他好吗？

有这样一个经典案例：美国著名的企业家吉姆·丹尼尔就是靠着一张"笑脸"神奇般地挽救了濒临破产的企业，并且，丹尼尔还把"笑脸"作为公司的标志，在公司的厂徽、信笺、信封上都印上了一个乐呵呵的笑脸，而他更是以"微笑"奔走于各个车间，颁布公司的命令，进行生产上的管理。结果，员工们渐渐都被他感染，公司在几乎没有增加投资的情况下，生产效益提高了80%。

当然，除了礼貌、微笑之外，人其他的许多细节也能提升形象，产生良好的"首因效应"。那么，我们怎样给他人留下美好的第一印象，带来"首因效应"呢？

1. 显露自信和朝气蓬勃的精神面貌。

自信是人们对自己才干、能力、知识素质、性格修养及健康状况、相貌等的一种自我认同和自我肯定。研究表明：一个人要是走路时步履坚定，与人交谈时谈吐得体，说话时双目有神，正视对方，善于运用眼神交流，就会给人以自信、可靠、积极向上的感觉。

2. 待人不卑不亢。

不卑，就是不卑躬屈膝，不亢，就是不骄傲自大，不卑不亢就是不做出讨好、巴结他人的姿态。比如，在参加面试时，对主考官微笑着说："谢谢您抽出宝贵的时间来面试我。"这样一种不卑不亢的态度有可能给主考官留下极好的第一印象。

3. 衣着仪表要得体。

有些人习惯于不修边幅，这本来属于个人私事，不过在一个新环境里，别人对你还不完全了解的情况不，打扮得过分随便有可能引起误解，给人留下不良的第一印象。

事实上，美国有学者发现，职业形象较好的人，其工作的起始薪金比不大注意形象的人要高出8%～20%。当然，衣着得体并不是非要用名牌服饰包装自己，更不是过分地修饰自己，这样反而会给人一种油头粉面和轻浮浅薄的印象。

4. 言行举止讲究文明礼貌。

语言要注意表达简明扼要，不用不恰当的词语；别人讲话时，不要随便打断；不要追问自己不必知道或别人不想回答的事情。

5. 讲信用，守时间。

凡是答应人家的事，一定要办到；而自己没有把握的事情，即使不便当面拒绝别人，讲话时也要留有余地。千万不要为了讨好他人，明明办不到的事情也包揽下来，这样只会弄巧成拙，最终引起别人不满。

6. 切忌首次见面夸夸其谈。

首次见面不要"自来熟"，夸夸其谈，要给他人稳重、沉稳的感觉，要让他人充分表达自己的意见；说话时尽量慢说，高语调尽量降下来。

以上几点只要我们常练习，就能在与人初次见面的时候，给对方留下较好的第一印象。而这些好的印象将有助于我们进一步与对方建立关系，进而促进合作的意向、声誉的提高等。

谦虚恭敬是做人的美德

　　《塔木德》中说："与人交往一定要谦虚恭敬，这样才能建立良好的关系。"大多数犹太人在人际交往方面表现得非常谦和，因为他们认为，谦虚恭敬是做人必备的美德。一个谦虚恭敬的商人，在待人接物时会表现得温文有礼、平易近人，并善于倾听他人的意见和建议，不坑蒙拐骗人，不卖弄自己财富，不文过饰非，并能主动承担责任，坚守契约，有错改错。

　　据《圣经》记载，开天辟地时，上帝第一天创造了光，第二天创造了水，第三天创造了花草树木，第四天创造了太阳、月亮和星辰，第五天创造了大鱼和各种飞鸟，第六天创造了牲畜、昆虫和野兽，第七天上帝才造出了人，派人来管理这一切。

那么，为什么人类最后才被创造出来呢？《圣经》上指出，上帝想传达的一个重要观念就是，如果想到连一只苍蝇都比人类先创造出来，那人类又有什么好狂妄自大的呢？这是上帝为了教导人类要对自然谦虚恭敬的巧妙安排。

犹太人很重视谦虚恭敬的美德，他们认为，无论人从事何种职业，担任什么职务，只要在与人交往中保持谦虚恭敬的态度，就能不断进取，增长更多的知识和才干，也会因此而拥有良好的人际关系。

社会上常常会见到这样一些人，他们才华横溢，充满抱负和追求，喜欢表现自己，生怕自己的能力不为人所知，而且为了显示自己不同于常人的优越感，尽快得到别人的钦佩和尊重，常指手画脚，不留情面指责人，他们既不谦虚也不恭敬，结果得到的与他们原本的希望差得很远。

英格丽·褒曼在获得了两届奥斯卡最佳女主角奖后，又因在《东方快车谋杀案》中的精湛演技获得最佳女配角奖。然而，她在领奖时，一再称赞与她角逐最佳女配角奖的弗沦汀娜·克蒂斯，认为真正获奖的应该是这位落选者，她由衷地说："原谅我，弗沦汀娜，我事先并没有打算获奖。"

褒曼作为获奖者，没有喋喋不休叙述自己的成就与辉煌，而是对自己的朋友推崇备至，极力维护对手的面子，无论是谁，都会认为褒曼心地善良，是个可交的真心的朋友。人如果能在获得荣誉的时刻，善待竞争对手，与伙伴贴心，实在是一种谦虚恭敬的文明典雅表现。

谦虚恭敬的态度并非是一种自我否定的态度，也不是没有才能的一种表现，它显示着人的成熟程度，显示着人自我肯定的信心。真正有实力的人都不喜欢炫耀，他们为人处事很低调；因为谦虚恭敬利于他们对过去的失败有所警惕，对现在的成功有所感念；谦虚恭敬具有调节心理平衡的作用，使人既不妄自菲薄，也不高人一等。

有一次，美国空军的著名战斗机试飞员鲍伯·胡佛，完成飞行表演任务后飞回洛杉矶。途中，飞机突然发生严重故障，两个引擎同时失灵。

胡佛临危不惧，果断沉着地采取了措施，奇迹般地把飞机迫降在机场。后来胡佛和安全人员检查飞机时发现，造成事故的原因是用油不对，他驾驶的是螺旋桨飞机，用的却是喷气式飞机用油。

负责加油的机械师知道后吓得面如土色，见了胡佛便痛哭不已，因为他一时的疏忽可能造成飞机失事和机上人员的死亡。胡佛并没有大发雷霆，而是上前轻轻抱住这位内疚的机械师，真诚地对他说："为了证明你能胜任这项工作，我想请你明天来做飞机的维修工作。"这位机械师后来一直跟着胡佛，负责他的飞机维修。以后，胡佛的飞机再也没有出现任何差错。

胡佛虽然身为美国著名的飞行员，但他并不骄傲自大，在面对机械师出现如此严重的失误时，并没有批评他，而是包容他并激励他，显示了胡佛豁达的心胸和谦虚的美德。

骄傲自大的人，眼光只会停留在自己身上，不会注意到他人，更意识不到自己跟他人的差距；人只有懂得谦虚恭敬，把头低下来，才能进步。

扬名于世的音乐大师贝多芬，曾谦虚地说自己"只学会了几个音符"；科学巨匠爱因斯坦说自己"像小孩一样幼稚"；居里夫人对荣誉的特殊见解，使很多喜欢居功自傲的人汗颜不已，也正是在居里夫人的高尚品格的影响下，她的女儿和女婿也踏上了科学研究之路，并获得了诺贝尔奖，成为令人敬仰的两代人三次获诺贝尔奖的家庭。

谦虚恭敬并不表示自己不如别人，相反是成熟气质的体现，它需要长期的修养来培育，那么，如何培养谦虚恭敬的品行呢？

犹太人认为必须首先正确认识自我，这样有利于"发扬优点，克服缺点"；其次，做人要低调，行事要高调，要充分展示自己的才华，实现自己的价值。

商人也应保有谦虚恭敬的态度，犹太商人认为，好的商人注定是谦虚恭敬的，因为无论和多少人打交道，下一位客户站在你面前，你依旧对他一窍不通，必须从零开始。所以，要把每次生意都看作是一次独立的生意，把每次接触的商务伙伴都看作是第一次合作的伙伴。

谦虚恭敬能成就人的一生，我们立足职场，光靠个人力量往往是不够的，再能干的人，也有束手无策的时候，而谦虚恭敬会赢得好人缘，能帮自己建立和睦相处的关系；谦虚恭敬还能保持不断进取的精神，增长更多的知识和才干。谦虚恭敬的品格让人永不自满，不断前进，同时还可以使人冷静地倾听他人的意见和批评，谨慎地从事。不谦虚不恭敬的人，骄傲自大，满足现状，会停步不前，会主观武断，轻者使工作、生活受到损失，重者使事业半途而废。

倾听是交际的基础

《塔木德》中说："要用两倍于自己说话的时间去倾听对方讲话。"

犹太人深知倾听的重要性。犹太人认为上帝给了人一张嘴，两个耳朵，就是让人们多倾听，少诉说。犹太人认为要与他人建立彼此信任的关系，首先要做到多倾听他人的话，这样才能与他人有深入交往的基础，建立起友谊。

社交活动家韦恩拥有良好的人际关系，非常受人欢迎，因此他拥有很多朋友。韦恩经常被人邀请参加聚会、共进午餐、打高尔夫球或网球，甚至是担任基瓦尼斯国际或扶轮国际的客座发言人。

美国演讲大师罗宾和韦恩是好朋友。一天晚上，罗宾在朋友家的小型社交活动中发现韦恩也在场，当时韦恩正和一个漂亮女孩聊天。出于好奇，罗宾远远地观察着他们，想要弄清楚韦恩为什么这样受欢迎。观察了一段时间后，罗宾发现那位年轻漂亮的女孩一直在滔滔不绝地说，而韦恩只是认真地倾听，甚至没说一句话。他只是有时笑一笑，点一点头，仅此而已。

第二天，罗宾见到韦恩时禁不住问道：

"昨天晚上我也参加了聚会，我看见你和那个迷人的女孩在一起。她好像完全被你吸引住了，你是怎么做到的？"

"很简单。"韦恩说，"朋友把她介绍给我，我只对她说：'你的皮肤晒得真漂亮，在冬季也这么漂亮，是怎么做到的？在阿卡普尔科还是夏威夷晒的？'"

"夏威夷。"她说，"夏威夷永远都风景如画。"

"你能把一切都告诉我吗？"我说。

"当然。"她回答。于是我们俩人找了个安静的角落，接下去的两个小时她一直在谈夏威夷。

"今天早晨她打电话给我，说她很喜欢跟我聊天。她说很想再见到我，因为我是最有意思的谈伴。但说实话，我整个晚上没说几句话。"

可见，善于倾听，是人际交往的基础，也是赢得良好关系的好办法。《塔木德》中告诫人们：舌头好似利剑，必须小心使用，否则不但会伤害别人，还会伤到自己。认为人要慎重讲话。犹太人还曾用药来比喻语言，认为适量的语言交往即可以奏效，说得过多反而无益。因此，有犹太人在的时候，你会发现，他们大多安静地听，不随便说话，即使要讲，每一句话也都会仔细斟酌。

艾略特就是一位善于倾听的人，他在听别人讲话时，并不是沉默不语，而是以各种身体语言给予呼应，他认为这样有利于双方的互动。

美国数一数二的小说家亨利·詹姆士对此回忆说："艾略特的倾听并不是沉默的，而是以各种身体活动的形式配合。他一般都直挺挺地坐着，手放在膝上，除了拇指或急或缓地绕来绕去，眼睛会做出各种动作。他看着对方，似乎是用眼睛和耳朵一起听对方说话。他专心地听着，并一边听一边用心地想你所说的话。最后，这个对他说话的人会觉得，他已说了自己要讲的话。"

善于倾听是一种好的习惯，倾听并不妨碍讲话，但讲话一定要以倾听为基础，这样，再讲话时就会言之有物，有的放矢，实事求是，当然，讲话时切莫传播谣言、是非，或夸大其词，令人云里雾里。

中国有这样一句话：静坐常思己过，闲谈莫论人非。这句话是告诫人们平日一定要多多反思自己，切莫谈论别人的是非，更不能无事生非，以免对别人造成不良的影响或者重大的伤害。

辛格曼·弗洛伊德算得上是倾听大师了。一位曾遇到过弗洛伊德的人，描述他倾听别人说话时的态度：

"那简直太令我震惊了，我永远都不会忘记他。他的那种特质，我从没有在别人身上看到过，我也从没有见过如此专注的人，他有那么敏锐的灵魂洞察和凝视事情的能力。他的眼光是那么的谦逊和温和，他的声音低柔，倾听时所做姿势很少。但是他对你的那份专注，他表现出的喜欢你说话时的态度，即使你说得不好，他还是一样的表情，这些真的非比寻常。你无法想象，别人像这样听你说话所代表的意义是什么。"

现今，能倾听他人讲话的人并不多，相反有一些人不喜欢倾听，却喜欢制造并传播是非的人，这些是非人有时候会使他人声名狼藉。第二次世界大战时期，美国著名将领麦克阿瑟说："对于正面的敌人，我总能应付，但是对于背后的'阻击'，我却不能保护自己。"连麦克阿瑟这样叱咤风云的五星上将都对来自背后的"冷箭"无能为力，可见背后下手的是非话其威力非同小可，不可小觑。

中国有一家知名媒体，曾在全国800所中学的60000名高中学生中做了一个关于"你平时最害怕什么"的调查。调查结果显示，超过半数的学生回答说："最害怕被人背后议论"。由此可见，人言可畏，是非话对人的中伤让人胆战心惊，谈"非"色变。

古时候，有一个国王，他十分残暴，又刚愎自用，但他的宰相却是一个聪慧、善良、贤明的人。国王有个按摩师，喜欢制造谣言，打击忠良。由于这个按摩师常常在国王面前搬弄是非，为此，宰相曾严厉地批评了他。从那以后，按摩师便和宰相结下了仇恨。

有一天，按摩师对国王说："尊敬的国王陛下，请您给我几天假和一些钱，我想去天堂探望陛下的父母。"

昏庸的国王很是惊奇，便同意了，并让按摩师代他向自己的父母问好。按摩师选好日子，举行了仪式，跳进了一条河里，然后又偷偷爬上了对岸。

过了几天，他趁许多人在河里洗澡的时候，跳进水中然后探出头，说自己刚从天堂回来。国王立即召见了按摩师，并问自己父母的情况。

按摩师谎报说："尊敬的国王，先王夫妇在天堂生活得很好，只不过再过10天，就要被赶下地狱了，因为他们丢失了自己生前的行善簿。所以，为了避免陛下的父母下地狱，恳请宰相亲自去详细汇报一下。为了很快到达天堂，应该让宰相乘火路去，这样先王夫妻就可以免去地狱之灾。"

国王听完后，立即召见了宰相，让他准备去一趟天堂。宰相听了这些胡言乱语，便知道是按摩师在背后捣鬼。可宰相又不好拒绝国王的命令，心想："我一定要想办法活下来，再惩罚这个奸诈的按摩师。"

第二天凌晨，宰相按照国王的吩咐，跳入一个火坑中，国王命人架上柴火，浇上油，然后点燃柴火，顿时火光冲天。全城百姓皆为失去了正直的宰相而叹息，那个按摩师也以为仇人已死，不免得意扬扬起来。

其实，宰相安然无恙。原来他早就派人在火坑旁挖了通道，他顺着通道回到了家中。

一个月后，宰相穿着一身新衣，故意留着一脸胡子和长发，从那个火坑中走了出来，径直走向王宫。

国王听说宰相回来了，赶紧出来迎接。

宰相对国王说："大王，先王和先后现在没有别的什么灾难，只有一件事使先王不舒服，就是他的脊背最近总是很痛，所以，先王请求陛下派个按摩师去。上次那个按摩师没有跟先王告别，就私自逃回来了，先王很是想念他，还有就是现在水路不通了，谁也不能从水路上天堂去，只能走火路。"

第二天，国王让按摩师躺在市中心的广场上，周围架起干柴，然后命人点上了火。顿时，按摩师被烧得鬼哭狼嚎似的乱叫，这个搬弄是非的家伙终于得到了应有的惩罚。这个按摩师肯定没有想到，杀死自己的不是利剑，而是自己的"舌头"。这个故事说明人应该由心来操纵舌头；而不应该由舌头来操纵心。

善于倾听会使沟通顺畅，也能管住舌头，避免口舌之祸，更能促进他人对自己的好感，而倾听对于自己来说，可以站在对方的观点看问题，避免主观臆断；对于他人来说，会给他人提供一个缓解压力、获得宁静的方法，也更容易得到对方的友谊，所以，生活中，事业中，我们应该做善于倾听的人。

风趣幽默是良好关系的催化剂

《塔木德》中说："最幽默的人，是最能适应环境变化的
人。"犹太人认为风趣幽默能够帮助自己建立和谐良好的人际关
系，进而为事业的成功奠定基础。

犹太商人不仅是世界上最会赚钱的人，他们的风趣幽默也是
出了名的。

某日，一位牵着狗的男子怒气冲冲地闯进一家犹太商人开的
宠物店。他对老板大吼道："我在你们店买的这条狗，为的就是

让它给我看门、防贼，但是昨天晚上，有个小偷溜进我家，偷走我200美元，可这条狗眼睁睁地看着发生的一切，愣是一声没吭，你说气人不气人。"

犹太老板听后，风趣地解释道："这条狗以前的主人是个千万富翁，因此对于你那区区200美元根本就没放在眼里。"

风趣幽默属于乐观之人的特权，风趣幽默既代表了乐观之人的韧性，也代表了乐观之人的胆量。犹太人认为只有那些内心强大的人，才是乐观的人；那些在困难面前不屈不挠的人，才能随时随地地运用自己的幽默智慧。犹太人非常重视幽默，他们常将各种事业、生活经验与感悟融于一则则有趣的幽默故事中并流传于后人。

下面我们再来看一个关于鹦鹉的故事：

一个人到花鸟市场去买鹦鹉，看到一只鹦鹉前标有这样一句话：这只鹦鹉会2种语言，售价300元。

另一只鹦鹉面前写着：这只鹦鹉会4种语言，售价600元。

到底该买哪一只呢？这两只鹦鹉毛色光鲜，模样可爱。这人想啊想啊，一时拿不定主意。

忽然他发现，不远处还有一只鹦鹉，忙走过去。原来是一只老掉了牙的鹦鹉，毛色暗淡散乱，精神不振，但奇怪的是，这只鹦鹉的价格标签上竟写着1200元。

于是，他赶紧将老板叫来问道："这只鹦鹉难道会说8种语言？"

老板是位犹太人，他不紧不慢地说道："没有。"

这人就有些不解了："它又老又丑又没有突出表现，为什么会值那么多钱呢？"

老板风趣地回答道："因为它能指挥这两只鹦鹉高效地干活儿，是它们的'老板'。"

看，犹太人的风趣幽默贯穿于生活的各个领域。犹太人认为，一个具有幽默感的人，会时时发掘事物有趣的一面，并能欣赏生活中轻松的事物，建立自己独特的风格和幽默的生活态度。这样的人，亲和力强；这样的人，经商更容易获得成功；这样的人，使接近他的人也能感受到轻松愉快的气氛。

风趣幽默是交际的润滑剂，它具有自我圆场、缓解尴尬的功用。当一个人与他人关系紧张时，即使在一触即发的关键时刻，风趣幽默也可以使彼此从容地摆脱不愉快的窘境或消除矛盾。风趣幽默可以说是一种优美的、健康的品质，能使人们平淡的生活充满情趣，是生活的开心果。可以说，哪里有风趣幽默，哪里就有活跃的气氛；哪里有风趣幽默，哪里就有笑声。

风趣幽默在交往中的作用是不可低估的。首先，风趣幽默能使人感到轻松愉快，而这又是提高人的大脑及整个神经系统的张力和充分发挥潜力的必要条件。适当地制造风趣幽默，可以活跃交往的气氛，使交往的效果更趋完美。

风趣幽默还可以调节沟通的气氛，驱除沟通中的疲劳感。据说，位于亚平宁半岛的意大利，5700万人口中就有1900万人在75岁以上，平均3万人中就有一个百岁老寿星。这里的人都有一个共同的特点：心胸坦荡、乐观开朗、幽默善谈。他们很爱辩论，虽然有时争得面红耳赤，但却极少真的互伤感情，因为他们总是以十分风趣幽默的语言来缓冲刺激、调节气氛。长期的观察证明，这些意大利人长寿的原因之一，是生活中充满了风趣幽默。

当然，有分寸的风趣幽默是人人欢迎的，会使人觉得说者亲切而有魅力，高水平的风趣幽默更是能调动氛围，对沟通顺畅起着大作用。

风趣幽默，不仅是生活中的智慧，更是一种健康的品质。风趣幽默要在合情合理中引人发笑，给人启迪，正如清朝人李渔所说："妙在水到渠成，无机自露，我本无心说笑话，谁知笑话逼人来。"这实际上是风趣幽默的玄机所在。那么，如何才能培养自己的风趣幽默细胞呢？一般来说，我们可以从以下几个方面着手：

首先，要保持快乐豁达心态。

只有自己快乐了，才能给别人带去快乐。眼中只看见痛苦和悲伤的人是不可能说出风趣幽默的话语来，心胸狭隘的人也很少具有风趣幽默细胞。

风趣幽默属于那些积极向上的人，这些人既不会由于一时的得失而斤斤计较，也不会由于暂时的失败而懊恼不已，他们总能积极地看待生活，既不苛求自己也不为难别人。他们能够善意地为他人着想，能换位替人思考。所以，当别人对他们有所冒犯的时候，他们总是会用睿智而风趣幽默的语言化解矛盾。

其次，要有渊博的学识。

任何一句风趣幽默的话语都是说话者生活智慧的结晶，它不是凭空出现的。所以，要想培养自己的幽默感，多学习，让自己知识渊博很重要；其次积累生活常识、经验也是必不可少的。要有泰山不让土壤、河海不择细流的精神，要有善于总结经验和智慧的能力。

最后，要学会自嘲。

伟大的文学家鲁迅曾经写过一首《自嘲》诗，来表明自己当时的生活状态。"这首自嘲诗"是：

运交华盖欲何求，未敢翻身已碰头。

破帽遮颜过闹市，漏船载酒泛中流。

横眉冷对千夫指，俯首甘为孺子牛。

躲进小楼成一统，管他冬夏与春秋。

这首诗形象地表现了鲁迅先生困难中乐观的精神。

在社会交往中，人们难免会遇到一些让自己无法下台阶的事情，此时，如果自嘲运用得当，不仅可以为自己找到台阶下，也能避免更尴尬的事情发生。

犹太人说："山峰永不相遇，而人却时时相逢"。风趣幽默是一种提升他人与自己相处时的愉悦程度的能力，而不是那些无意义地进行挖苦、讽刺，以及让人下不来台的玩笑。很多时候，一个人的风趣幽默感，是其智商和情商的综合体现。

赞美有无可比拟的重要性

《塔木德》中说："愉快的心境会让人保持活力，欢乐会使人益寿延年"。犹太人无论在做人处事或在经商的时候，总是习惯在对方面前说一些让他人"高兴"的话，或赞美对方的话，在他们看来，让对方高兴，不但对方欢喜，也会使自己心情舒畅，情绪高涨，而交谈交往也就会变得轻松自如。

犹太人戈尔年轻的时候便到了美国，和亚特兰大市的一位女子结婚。后来他们夫妇做生意，创建了一家油漆公司。他们的油漆具有色泽柔和、不易剥落、防水性能好、不褪色等许多优点，他们在广告上花费了不少钱，可收效甚微。后来，戈尔决定以拜访市内最大的莱弗家具公司为突破口闯出一条合作的路。

有一天，戈尔直接来到了莱弗家具公司，找到了总经理斯坦纳："斯坦纳先生，我听说，贵公司的家具质量相当好，我特地来拜访一下。我久仰您的大名，您又是本市杰出企业家之一。您在这么短的时间内，就取得了如此辉煌的成就，真是让人羡慕！"

听戈尔这么一说，斯坦纳非常高兴，就向戈尔介绍了一下公司的产品及特点，并在交谈中谈到了自己如何从一个贩卖家具的小贩成为生产家具的大公司总经理的历程，还领戈尔参观了他的工厂。

在上漆车间里，斯坦纳拉出几件家具，向戈尔炫耀说那是他亲自上的漆。戈尔顺手将喝的饮料倒在家具上一点儿，然后用一把螺丝刀轻轻敲打。斯坦纳想制止戈尔的行为，但没等斯坦纳开口，戈尔说话了："您的这些家具造型、样式是一流的，但漆的防水性不好，色泽不柔和，并且易剥落，会影响家具的整体质量，不知对不对？"

斯坦纳听后连连地点头称是，并说戈尔的油漆公司推出了一种新型的油漆，但因为不了解所以没有订购。戈尔立刻从包里掏出了一块六面都刷了漆的木板。说："这块木板已在水中浸了一个小时，木板没有膨胀，说明漆的防水性好，用工具敲打，漆不脱落，放到火上烤，漆不褪色。"斯坦纳点点头，后与戈尔谈了合作意向，从此后，莱弗家具公司成了戈尔公司的大客户。

从这则事例中可以看出，戈尔一开始并没有直接称赞自己的油漆有多好，而是从赞美莱弗公司的产品入手，并且赞美了斯坦纳本人取得的成就，然后点出莱弗家具公司产品的油漆性能差，直接影响到了家具的质量，而与此同时，向斯坦纳展示了自己公司最好的产品，相比之下，凸现了斯坦纳公司使用的油漆缺点。这样，斯坦纳很自然地接受了建议，戈尔顺利地赢得了这个客户。

每个人都希望被别人重视，所以当别人夸奖、称赞自己时，都会很高兴。

一位身材高挑的年轻女子在一家服装商店试衣服，试了几件衣服，不是这儿鼓起来，就是那儿紧巴巴的，都不合适。店主凭经验觉得，问题出在她没有挺直身子。于是在一旁对她说："这些衣服看来不是有些大就是有些小，把您娇美的身材给遮住了。"

年轻女子一听，直起身来重新在试衣镜中打量自己。这时情形发生了变化：女子发现自己挺立的身躯看起来那么赏心悦目，那些难看的鼓包和皱褶都不见了，身体的线条和轮廓也显现出来了。

店主看得出，试衣的女子喜欢身上这件衣服。"真漂亮！"店主不失时机地赞许说，"你喜欢这一件吗？"

"是的，它使我苗条多了，啊，真的，我好像减轻了3公斤体重。"年轻女子惊奇地说。

最后，年轻女子买了此衣服。

与人谈话时，要找准对方感兴趣的事情，"投其所好"地满足他们的心理，这样会使交际向更好的方向发展。

一家时装店新来了一位店员，一天，她向一位穿着华丽正在挑选服装的女士建议道："这套服装特别便宜，穿在您身上肯定非常得体！其他的服装价钱要贵一些，不见得适合您，您觉得怎么样？"

没想到，那位女士听完话后，竟气势汹汹地嚷了起来："什么叫便宜？什么叫不适合我？你以为我没钱买贵的衣服是不是？真是岂有此理，太瞧不起人了！"

这位女士为什么发这么大的火？是因为那位女店员的话没说

到她心坎里。价廉物美，对于很多人来说，具有很大的吸引力，但对有些人来说，过分强调会使他们感到有"他意"，即使你说的是"真话"，往往也会让人火冒三丈。

每一位拜访过美国第26届总统西奥多·罗斯福的人都会被他渊博的学识和广泛的兴趣所折服。查尔斯·西莫说："罗斯福总统的白宫大门永远欢迎能使总统提起兴趣的人。无论是各领域的专家，还是其他访客，他总能立即找到一个双方都感兴趣的话题。"哥马利尔·布雷佛也说道："无论是一名牛仔、骑兵、纽约政客还是外交官，罗斯福都知道该对他说什么话。"

那么，罗斯福总统是怎么做到能让如此多的人折服于他呢？其实罗斯福总统并不是真的有那么渊博的学识和广泛的兴趣，他只是有一个很好的习惯，那就是在拜访者来之前，他都会挑灯夜读，读一读那人有关的介绍，了解对方感兴趣的事情，做好第二天见面充足的准备工作。这样，每一个拜访者在听到罗斯福总统的见面语之后，都会被罗斯福总统不凡的言论、渊博的知识和健谈的性格所折服。

罗斯福总统主动学习并非只是为了能够在与他人的交往中侃侃而谈，显示自己渊博的学识，他是为了找到对方感兴趣的事物，从而能在一种轻松和谐的状态下见面。因为罗斯福总统深谙人的本性：当一个人发现你对他所熟知的问题非常感兴趣的时候，他会自然而然地对你说很多话，愉快的气氛也就会随之产生。罗斯福总统正是"投其所好"，让对方产生了心灵共鸣的好感，从而解决了一个又一个政治难题，也让自己的美名远播世界。

在人际交往中，我们总是渴望别人可以遵照我们自己的意愿去做某件事，但是，要让别人心甘情愿地按照你的意愿去做，你必须得让他人明白他做这件事会对他有什么益处。人不论贵贱贫富抑或社会地位高低，都会努力塑造并竭尽全力地去维持自己在别人心中的良好形象。所以，如果想要达到请求别人帮忙的目的，那就请记住这条黄金法则：满足对方的心理，给他一个"引以为荣"的美名。

"钢铁大王"卡耐基深谙"投其所好"的道理，总是将给予"美名"的技巧发挥到极致。卡耐基所经营的钢铁公司想要降低运行成本，所以想和一位经营煤炭行业的老板合作开一家公司，这样就可以在很大程度上降低公司的运营成本。恰好在一次宴会上，卡耐基无意中结识了一位经营煤炭业，号称"焦炭大王"的青年才俊佛里克。卡耐基心想，此人就是我苦苦寻觅的合作伙伴，虽然佛里克小小年纪就取得了这么惊人的成绩。卡耐基非常欣赏佛里克的胆识和才干，认为自己若是跟佛里克合作，不仅对自己事业，对佛里克的事业发展来说也是非常有利的。

想要跟一个人合作，就要了解这个人的特点，所谓知己知彼百战百胜。卡耐基开始通过各种渠道了解佛里克了。佛里克是一个自命不凡的人，如果不能很周全地照顾到他的"面子"，即使别人想和他合作，他获益很大，他也不会跟人合作。了解了佛里克后，为了能够成功地做成这单生意，卡耐基将佛里克请到自己家里，热情接待。

当时，卡耐基已年近半百，而佛里克还只是一个二十来岁的毛头小伙子。虽然卡耐基的财富是佛里克财富的数倍，但卡耐基仍在佛里克面前保持着礼貌和谦逊。

一番寒暄之后，卡耐基提出了两人合作成立一家煤炭公司的建议。卡耐基还表示，新公司的总价值有300万美元，佛里克的焦炭公司市值大约为50万美元，其余250多万美元全部由卡耐基的公司支付，而股份双方各得一半，未来收益也是五五分红。佛里克看到只出六分之一的资金，却能得到一半股份，认为是天上掉馅饼、打着灯笼都难找的好事，可是在这么大的诱惑面前，佛里克又开始了犹豫，原来他想，如果公司是以"卡耐基"的名义运作，自己就等于没有任何名义上的东西了，佛里克是那种"宁为鸡首，不为凤尾"的人。

卡耐基像看穿了佛里克的心事，立即补充道：新公司的名称是"佛里克焦炭公司"。至此，佛里克再也没有疑问，当即爽快地同意了合作事宜。从此，佛里克成为了卡耐基的永久合作伙伴，日后更是成为卡耐基钢铁公司的高层领导之一。

在和佛里克合作的这件事上，卡耐基掌握了佛里克喜好"美名"的心理。由于卡耐基需要和煤炭公司合作，所以他在利益上的让步不仅考虑了对方财富，同时还考虑了对方对名气的要求。

卡耐基送出"美名"给佛里克，自己也最终实现了和佛里克煤炭公司合作的目的。

这个故事告诉我们，在与他人交往的过程中，如果"投其所好"地给予对方"美名"，对方就会心甘情愿地去做你希望他做的事情，从而达成自己的目的。

每个人都希望获得别人的肯定与赞美。人要学会欣赏他人，这不仅需要有相当的自信和勇气，还要有开阔的心胸。有些人遇到别人比自己强的情形，赞美之词怎么也说不出口，主要是因为缺乏自信心，觉得自己不如对方，于是心理失衡，没有勇气为对方喝彩。

众所周知，迈克尔·乔丹是一位超级篮球精英，但他却对别人说队友皮彭在投三分球方面比他更有天赋，还说皮彭扣篮方面也比自己胜出一筹。皮彭虽然是最有希望超越乔丹的新秀，而乔丹却处处对其加以赞扬。一方面，反映了皮彭自我挑战的勇气，另一方面也是乔丹有自信心的体现。

赞美他人既是压力也是动力，因为压力而产生动力。你赞美了他人，就意味着你肯定了他人，相对应的是，就会意识到自己的缺点与不足，所以，人只有不断地发现自己的缺点与不足，才能更好地完善自己，取得更大的进步。

赞美不光要具体、贴切，还要让人觉得真诚。赞美从一定意义上讲，是一种有效的感情投资。

美国第40任总统里根在78岁生日时对记者说："在我14岁的时候，我的母亲对我说，千万别忘了发现别人的长处，多说别人的好话。从此以后，我牢记这句话，甚至在梦里也不忘赞美别人，可以说我的母亲塑造了我的一生。"里根总统的话再次证明了这一点：赞美有无可比拟的重要性。

诚实守信使人成功

《塔木德》中说："金钱是山上的树木，诚信是山中的泉水。"

犹太人认为诚实守信是商人取得成功的主要条件。很多犹太人一生下来就被告知：做交易要绝对诚实。如果你想达到成功的顶峰，绝不可欺骗和说谎。如果不幸犯下过失，与其以说谎的方法来隐瞒事实，不如老老实实地承认，这是改过的唯一机会，也是他人能够原谅的唯一方法。

犹太人还认为，诚信是人最美丽的外套，是心灵最圣洁的鲜花。诚实可以找回真实的自我。

　　20世纪初，俄国境内的一个小村落里，住着一个犹太小男孩。那时候，沙皇部队——哥萨克人，正在对各地的犹太人进行大规模迫害。每天当市集最热闹的时候，全村的人都会聚集在大广场上交易买卖，哥萨克人就会在这个时候，骑着高大剽悍的马来到市集上，打翻犹太人的货物、商品，接着宣布沙皇限制犹太人自由的最新敕令，然后骑着马扬长而去。

　　小男孩和祖父的感情非常亲密，他的祖父是这个村子里的老教士。村子里的犹太人都相信，他们的祖先聪明睿智。小男孩每天都会陪祖父从他们简朴的家到市集去。哥萨克骑兵每天挥鞭而至，扬起漫天尘土，宣读当天的敕令："今天，任何犹太人购买马铃薯，一次不得超过5个。"或是："沙皇有令，所有犹太人必须将他们最好的牛立刻卖给国家。"

　　每天，同样的故事不断上演——老教士和其他人一起听着沙皇的敕令，然后老教士向那些哥萨克人挥舞着他的拐杖，大声叫道："我抗议！我抗议！"然后其中一个哥萨克人就会骑着马过来，用马鞭狠狠地抽向老教士，临走之前还要吼一声："闭嘴，你这老蠢货！"老教士禁不住鞭子，就会倒在地上，他的学生们会冲过来扶他起来，帮他拍掉衣服上的泥土，然后让他的小孙子搀着他回家。

日复一日，小男孩担忧地看着这一幕再三重演。终于他再也忍不住了，有一天，搀扶满身乌青的祖父从集市回家时，小男孩鼓起勇气问："亲爱的爷爷，"小男孩的声音带着点儿微微的颤抖，"您明知道那些士兵一定会打您，为什么还要每天在他们面前抗议沙皇呢？您为什么不能保持沉默呢？"

老教士对小孙子慈祥地笑道："因为明知是错的事情，如果我不大声抗议，我就会渐渐和他们一样了……"

马雅克夫斯基曾说："诚实是最伟大的美德，它为我们的生活涂上一笔最真实的色彩。"

虽然，在现今社会，说谎、欺骗、隐瞒事实的现象仍然存在，但你绝不能让它成为日常言行的一部分。因为诚信像一面镜子，一旦打破，人格就会出现裂痕。

年轻的林肯受母亲派遣，到好几英里外的商店为家里买东西。在回来的路上，林肯发现商店老板多找了钱。于是他又拖着疲累的身躯折返回那家商店，把多找给他的钱还给了老板。

人好品格的养成不是朝夕之功，诚实也不是仅在一两件事上表现出来。林肯还钱的故事，也许多找的钱数量并不是很大，但林肯所表现出的诚实却让人赞叹。我们千万不要小看了一点一滴的诚实举动。诚实犹如"一言九鼎"之厚重，犹如"一言既出，驷马难追"之坚定，犹如"一诺千金"之珍贵。古语说：人无信不立，业无信不兴，国无信则衰，即说诚信的宝贵。

在一个房间里，艾尔顿正在应聘推销工作。经理约翰先生看着眼前这个身材瘦弱、脸色苍白的年轻人，先问了问艾尔顿的基本情况，然后开始提问道：

"你以前做过销售吗？"

"没有！"艾尔顿答道。

"那么，现在请你回答几个有关销售的问题。"约翰先生开始提问，"推销的目的是什么？"

"让消费者了解产品，从而心甘情愿地购买。"艾尔顿不假思索地答道。

约翰先生点点头，接着问："你打算对推销对象怎样开始谈话？"

"'今天天气真好'或者'你的生意真不错。'"

约翰先生点点头。

"你有什么办法把打字机推销给农场主？"

艾尔顿稍稍思索一番，不紧不慢地回答："抱歉，先生，我没办法把这种产品推销给农场主。"

"为什么？"

"因为农场主根本就不需要打字机。"

约翰高兴得从椅子上站起来，拍拍艾尔顿的肩膀，兴奋地说："年轻人，很好，你通过了，我想你会成为出类拔萃的推销员！"

约翰通过提问，心中已认定艾尔顿将是一个出色的推销员，因为测试的最后一个问题，只有艾尔顿的答案令他满意。以前的应征者总是胡乱编造一些办法，但实际上绝对行不通，因为谁愿意买自己根本不需要的东西呢？

而艾尔顿实话实说，所以被雇用了。

现在应聘工作，许多人为了取悦面试官，经常回答一些超出自身能力的才干。他们所犯的最大错误其实就是不诚实。这些应聘者不以真面目示人，不能完全做到坦诚，总是想当然地展示给招聘者一些自以为"正确"的态度。可是这些做法通常一点儿用也没有。因为没有哪个老板愿意要不诚实的人，正如从来没有人愿意收假钞一样。下面再让我们来看看诚实的贝克先生的故事吧！

雅利安公司是美国环球广告代理公司，因为业务需要，准备招聘4名高级职员，担任业务部、发展部主任助理，待遇自不必言。招聘工作中的竞争是激烈的，凭着良好的资历和优秀的考试成绩，安东尼荣幸地成为10名复试者中的一员。

雅利安公司的人事部主任戴维先生告诉安东尼，复试主要是由贝克先生主持。贝克先生是全球闻名的大企业家，从一个报童到美国最大的广告代理公司董事长、总经理，他的经历充满了传奇色彩。并且，他年纪并不大，据说只有40岁上下。

听到这个消息，安东尼非常紧张，一连几天，从口头表达能力、广告业务以及穿戴方面都做了精心准备，以便能顺利"推销"自己。

复试是单独面试。安东尼一走进小会客厅，坐在正中沙发上的一个考官便站起来，安东尼认出来：正是贝克先生。

"是你？！你是……"贝克先生激动地说出了安东尼的名字，并且快步走到安东尼面前，紧紧握住了他的双手。

"原来是你！我找你找了很长时间了。"贝克先生一脸的惊

184

喜，激动地转过身对在座的另几位考官嚷道："先生们，我向你们介绍一下：这位就是救我女儿的那位年轻人。"

安东尼的心狂跳起来，还没容得他说话，贝克先生把他拉到他旁边的沙发上坐下，说道："我划船技术太差了，把女儿掉进了密西西比河中，要不是你相救就麻烦了。真抱歉，当时我只顾看女儿了，也没来得及向你道谢。"

安东尼竭力抑制住心跳，抿了抿发干的双唇，说道："很抱歉，贝克先生。我以前从未见过您，更没救过您女儿。"

贝克先生又一把拉住安东尼："你忘记了？4月2日，密西西比河……肯定是你！我记得你脸上有颗痣。年轻人，你骗不了我的。"贝克先生一脸的得意。

安东尼说："贝克先生，我想您肯定弄错了。我没有救过您的女儿。"

安东尼说得很坚决，贝克先生一时愣住了。忽然，他又笑了："年轻人，我很欣赏你的诚实。我决定：你免试了。"

几天后，安东尼幸运地成了雅利安公司的职员。

后来，安东尼和戴维先生闲聊，他问戴维："救贝克先生女儿的那位年轻人找到了吗？"

"贝克先生的女儿？"戴维先生一时没反应过来，接着他大笑起来："他女儿？有7个人因为'他女儿'被淘汰了。其实，贝克先生根本没有女儿。"

一个人的价值往往是在诚实中体现出来的，所以任何时候一定要以诚为本。商人要诚实，做到以诚经商、以信待人，这是商人成功的秘诀。而奸商或许能赚得蝇头小利，但绝对成不了大气候，不诚实的人事业上绝对不可能有长久发展。

诚信就像人的"身份证"，人决不能玷污了它。正如一名犹太人所说："就一个商人和他成功的秘诀来说，在交易中保持绝对诚实，在产品质量上保持绝对诚实，是踏上成功之途最重要的事情之一。"

懂取舍才能"和"

《塔木德》中说："暂时放弃一些利益，是为了得到更多的利益。"犹太人认为，敢舍的人大多能做大事。事实证明，犹太民族成功的商人都能处理好得与失的辩证关系，而且总是所舍多于所得，这是他们成大事的关键。

当纽约的金融家史密斯还是个银行小职员时，有一次，他的上司要他尽快准备好一份资料，而提供资料的那个人是一家公司的总经理，史密斯去拜访他。当史密斯被引进那位总经理办公室之后，一位年轻的秘书从门口探头告诉总经理，她今天没有搜集到童话故事给他的儿子。总经理向史密斯解释说："我在替我12岁大的儿子收集童话故事集。"之后，史密斯向总经理述说他的来意，并且向他请教了问题，结果，从头到尾，总经理都在含糊笼统地敷衍他，摆出一副根本不想谈论这个问题的样子，他们的会谈很快就结束了，而且毫无结果。

史密斯事后回忆说："坦白讲，我当时真不知道该怎么做，事后我突然想起那位总经理和他秘书所讲过的话，童话故事集、12岁大的孩子……同时我也想到我们银行国外部正在做童话故事集的收集工作，那些童话故事集来自世界各地。

"第二天下午，我又去拜访那位总经理。到了之后，我请他的秘书传话给他，告诉他我有一些童话故事集要送给他的孩子。你想我会不会受到热烈地欢迎呢？不错，他很快请我进去，并热情地握住我的手，他面带笑容，容光焕发。当他赏玩着我送的童话故事集时，口中不断地说：'我的乔治一定会喜欢这个故事的！'我们花了半个小时谈论童话故事集与他的儿子，之后他足足花了一个多小时的时间提供给我所需要的资料。他把他所知道的全都告诉了我，后来还害怕有所遗漏，又把他的下属叫进来询问一番，甚至为我打电话给他一些朋友查询细节。他给了我许多实证、数据、报告以及文件，使我此行满载而归，套句新闻从业人员的专业用语，我算是得到了一条独家新闻。"

有人说：人际交往中的黄金准则是：欲取之，必先予之。商道也是如此。予之，即舍，这种智慧已被世界各地的很多人都认同。舍的意思不仅是把自己已经获得或者以后能得到的东西舍出去，而且是必须心甘情愿这样做。舍包含了舍私心、舍贪欲。

两家公司竞标同一块土地，甲公司的老板对自己的员工非常好，虽然工资和业内其他单位一样，但公司的福利却比其他家公司丰厚得多。公司的老总总是隔三差五地给员工一些奖励，这种奖励有的是物质上的，譬如，每周对工作表现比较好的给予一定数量的奖金；也可能是口头上的；譬如，给工作表现特别好的员工颁发一个标兵的标志等；乙公司则完全是另外一种运作模式。这家公司没有任何人情味儿，员工只是拿薪水干活。所以，在竞标的那段时期，甲公司的员工很努力地工作，大家团结一心，对那块土地是志在必得，员工们每天都自愿加班到很晚，而且会考虑许多老板都不曾考虑到的因素。最终，甲公司的竞标书做得很完美。而乙公司的员工则还是按照之前的模式，仅把自己手头的工作完成就好，竞标书做得当然没有甲公司那么精彩。结果可想而知，甲公司得到了那块地。

可见，"欲取之，必先予之"的方法不仅会使人获得他人的好感，还会使人得到高回报。在日常的工作和生活中，无论与什么类型的人打交道，不管对方是雇员、合伙人、同事、顾客、朋友，抑或是你的家人，只要你事先有所付出，对方一定会相应地回报你的好意，即使不是马上回报，天长日久，也会找机会报答你付出的好意。

有这样一则故事：

一个商人遇到了难处，他的生意开始走下坡路，他请教自己的师傅。师傅说："后面的院子里有一架压水机，你去给我打一桶水来！"

半晌，商人汗流浃背地跑来，说："师傅，压水机下面是口枯井。"

师傅说："那你就去给我买一桶水来吧。"

商人去了，回来后仅仅拎了半桶水。

师傅说："我不是让你买一桶水吗，怎么才半桶呢？"

商人红了脸，连忙解释说："不是我怕花钱，坑坑洼洼的路，实在不容易走啊！"

"可是我需要一桶水，你再跑一趟吧！"师傅坚持说。

商人只好又去了，不一会儿，拎了半桶水回来。

师傅带着商人来到压水机旁，说："把两个半桶水统统倒进去。"商人很疑惑，有些犹豫。

"倒进去！"师傅命令着。

商人开始将水倒进压水机里，等全部倒好后师傅让商人压水。商人压着水，疑惑着，不一会儿，清澈的水喷涌而出。

师傅笑着说："想要喝水，必须先要给压水机喂水啊，还有遇到坎坷，不能半途放弃，要坚持。"

是的，商人经商，挣钱是第一位的，但是要清楚舍与得的关系。很多商人只知索取，不知付出，这是挣不来钱的。所以，经商要双赢，不能一方挣钱。好商人有着冷静的头脑，成熟的心理，他们会认真做每一笔交易，该让步就让步，赢得起，也输得起，他们遇到困难，不轻易放弃，懂得坚持的重要性。

犹太商人认为先做人再做生意，认为商品即人品，商道即"和道"。他们把做生意赢得合作者的信任放在第一位，认为只有人品端正，尊重别人，别人才能尊重自己，他们不轻易得罪人，他们视合作者为朋友，真心交往，从而有机会成为生意上的伙伴。犹太商人还认为无论大小生意，都要做"和"。"和"是做生意的最高境界。事实上"和"则生聚，"散"则消亡；"和"则兴旺，"散"则衰萎。从商之道，以"和"为上；为人之道，以"和"为贵，经商虽求利，取"和"法上。很多犹太人还把经商比喻为烹鲜，百味调和，百味聚生，功夫在商外。当然，他们也认为，凡事得天时、地利、人和者，方可谋势作局，否极泰来。

人世间的事情，有了付出才有回报，这是真理，无论经商还是做其他事。没有无回报的付出，也没有无付出的回报。付出越多，回报越大。那些只想别人给予自己，或希望别人付出的人，"得到的源泉"终将枯竭。所以，人不要只想索取，要先想付出，如此才是正确的为人处事态度、合作态度，才能让交往、交易天长地久。

有这样一首"舍得歌"：

舍得笑，得到的是友谊；

舍得宽容，得到的是团结；

舍得诚实，得到的是朋友；

舍得小，有可能得大；

舍得近，有可能得远。

现今，我们的社会流行这样一句经典的话：当你紧握双手，里面什么也没有；当你打开双手，世界就在你的手中，说的就是懂得舍，就能得的道理！

第五章

借力借势，发展
需要众人的智慧

众人拾柴火焰高

《塔木德》中说："一个人的才智和力量总是有限的。"犹太人认为，每个人是独立的，但每个人做事离不开他人，只有团结他人，与他人合作，才能把事情做得更好。是的，一个人要想取得成功，就需要结合更多人的才智与力量，这样才能战胜困难，求得发展。如果不懂得借助他人的力量，不仅会大大降低效率，减缓通向成功的速度，而且也不会有什么大发展。事实证明，不懂得借势的人会处处受阻。

有这样一个故事：

林肯是个工作很勤奋的员工，但是他最大的问题就是不喜欢与人合作。对林肯来说，赞美同事是万万不可能的，因为他认为同事都不如他。在林肯的心里，似乎只有他才是公司里唯一有能力把事情做好的人，因此，每当有同事来求他帮助时，他总是找各种借口拒绝。

当然，林肯也是非常努力的，但他所做出的成绩却不大，年终算账，很多同事的业绩都超过了他。同事考评林肯，认为林肯没有合作精神。

为此，上司找到林肯，与他讨论这件事："和同事合作，其实会做出更大的成绩。"

"可我没法与他们合作，因为他们工作不努力！"林肯毫不掩饰他的不合作态度。

"那么你认为你比他们要优秀得多，是吗？"

"那当然！"

上司将12个月以来他们部门每人的业绩递给他看："你看看你比这些所谓不努力的人业绩好多少呢。"

结果可想而知，林肯看完之后脸涨得通红，再也说不出话来……

可见，与人交往或一起工作，要尽量团结同事，互相帮助，多与他人沟通、交流，多向他人学习。因为一个人的才智是有限的，只有与人团结，才能让自己更好地"发光发热"。叔本华说："单个人是软弱无力的，就像漂流的鲁滨孙一样，只有同别人在一起，他才能完成许多事业。"合作就像飞行的雁群，如果它们不拧成一股劲团结飞翔，又怎会取得成功？

　　拿破仑·希尔年轻的时候，曾经在芝加哥创办了一份教导人们获取成功的杂志。而创立这份杂志，拿破仑·希尔并没有足够的资本，他找到印刷工厂并与之建立了合作关系。后来，事实证明这份杂志办得很成功，而拿破仑·希尔虽然要花很多时间在这份杂志上，但是他很快乐。

　　不过，拿破仑·希尔没有注意到他的成功对其他出版商已经构成了威胁。不久，在拿破仑·希尔不知道的情况下，一家出版商买走了他合伙人——印刷工厂的股份，并接收了这份杂志。而他不得不带着一种非常耻辱的心态离开了他那份以爱为出发点的工作。

　　事后，拿破仑·希尔总结失败的最大原因认为，他没有很好地与他的合伙人合作。比如，他常常因为一些出版方面的小事而和对方争吵，他的自我和自负，使他最终尝到了失败的滋味。

　　拿破仑·希尔从这次失败中，总结了经验，学到了不少为人处事以及经营管理方面的知识。此后拿破仑·希尔离开芝加哥前往纽约，在那里，他又创办了一份杂志。这次他学会了和合伙人如何相处，如何共赢。他们共同努力，不到一年的时间里，这份杂志的发行量就比以前那份杂志多了两倍。而拿破仑·希尔常常与合伙人友好地沟通，再也没有遇到之前在芝加哥所遇到的那种"拆台"的事情了。

　　拿破仑·希尔的故事给我们提供了很好的教训和经验。世界上没有仅仅依靠自己就能成功的人，任何成功者都得站在别人的肩膀上。孤胆英雄做不成大事，就如我们的春晚舞台，如果没有合作精神，就不会有那美得令人窒息，炫得令人陶醉的各种艺术表演；就如我们的科学家，如果没有合作，就不会有"神舟六号"的成功升天。合作是成功之本，是奇迹之根。

　　有一位叫罗伯特·克里斯托弗的美国人，他想用80美元周游世界，并坚信自己能够实现。于是，罗伯特找出一张纸，写下了他用80美元周游世界的准备工作：

　　领取到一份可以上船当海员的文件；

去警察局申请无犯罪记录的证明；

取得美国青年协会的会员资格；

考取国际驾照，买来一份国际地图；

与一家大公司签订合同，为它提供所经过国家和地区的土壤样品；

同一家航空公司签订协议，免费搭机，以拍摄照片为公司做宣传。

……

当罗伯特完成上述的准备工作后，年仅26岁的他就在口袋里装好80美元，开始了自己的全球旅行。以下是他旅行的一些经历：

在加拿大巴芬岛的一个小镇用早餐，不付分文，条件是为厨师拍照；

在爱尔兰，用4.8美元买了4条香烟，从巴黎到维也纳，费用是送给船长1条香烟；

从维也纳到瑞士，列车穿山越岭，只付列车长4包香烟；

给伊拉克运输公司的经理和职员摄影，结果免费到达伊朗的德黑兰；

在泰国，由于提供给酒店老板某一地区的资料，受到酒店贵宾式的待遇。

……

最终，罗伯特实现了80美元周游世界的梦想。而他总结自己此次旅行最重要的一点，就是在他的计划和经历中，他巧妙地利用和他人的合作，为自己实现目标提供了帮助。

这个聪明的犹太青年深知一个人的才智和力量是有限的，因此他总是借力借势而为，以便实现自己的目标，这是他的过人之处。我们要学习这种合作智慧，学会借助别人的力量而实现自我的提升。

"众人拾柴火焰高"，合作可以达到取长补短的效果，甚至达到双赢的结果。当然，合作的前提条件要以信任为基础，没有信任，就会各干各的；没有信任，合作就不成立。

古语说："一根筷子很容易被折断，但十根筷子抱成团，就不容易被折断。"具备合作精神的人，会以大局为重，会依靠团队的力量，依靠众人的帮助，取得大成绩。

要和优秀的人在一起

《塔木德》中说："一个伟大的人，他的朋友一定是伟大的。"犹太人认为交友要交好品德的朋友，因为同什么样人交往，对你的形象和名声会产生不同的影响。

例如，你身边的朋友如果都是一些事业成功且拥有较高社会地位的人，人们就会想：你一定也是个颇有本事的人，否则，你怎么能跟那些人成为朋友呢；如果你的朋友全是些失败者，那么，即使他们不会严重损害你的形象，也不会对你产生积极的影响；再比如，如果你在工作中整天同一些人们敬而远之的人打得火热，你的形象就会受损，他人也会对你避之不及。所以说，为了塑造自己更好的形象，要交一些品德好的人做朋友、做知己，而且要搞清楚同你交往的人当中，哪些人有助于你的形象塑造，哪些人对你的形象塑造不利。

有一句话说得好：跟"成色足"的朋友在一起，久而久之，你自身的含金量也会提高。

在越南战争时期，韦斯特摩兰将军有一次巡视降落伞部队，他问了三个士兵同一个问题："你们喜欢跳伞吗？"

第一个士兵答道："我爱死跳伞了，长官！"

第二个士兵答道："跳伞，会成为我一生中最难忘的经历。"

第三个士兵答道："我痛恨跳伞，长官！"将军又问："那你为什么还要跳伞呢？"

第三个士兵答道："因为我想和喜爱跳伞的人在一起。他们会让我变得勇敢！"

现实生活中，你和谁在一起的确很重要，甚至能改变你的成长轨迹，奋斗轨迹，决定你的人生成败。日本朝日啤酒前总裁广口太郎曾说："正如水的形状取决于盛水器皿的形状一样，人的命运取决于结交什么样的人。"

在人生的道路上，最不幸的事就是身边缺少积极进取的人，缺少具有远见卓识的人，让自己在一个平庸的环境中变得不思进取。有一句话是这么说的："你是谁并不重要，重要的是你和谁在一起。"科学家们经研究认为：人是唯一能接受暗示的动物。积极的暗示，会对人的情绪和生理状态产生良好的影响，激发人的内在潜能，使人发挥超常水平，使人进取，催人奋进。

每个人交朋友的标准都不一样，有些人专门喜欢结识比自己差的人，在这些人羡慕的目光中感受虚荣的快感。这种人实际上被骄傲遮住了双眼，他们看不到山外有山，人外有人，他们一辈子坐井观天，不会有什么大发展；而有些人则会努力结交比自己更富有、更有学识、更聪明的人，这不仅仅是为了日后能向他们多学习，得到他们的帮助，也是为了拓宽自己的境界。

钱穆是著名的史学家，1895年生于太湖之滨无锡。父亲钱承沛学习成绩虽好，却因几次赶考生病，此后决定不再参加科考。钱承沛在家乡设馆教书，后被选为师爷，他对自己孩子的教育非常用心。

钱穆小时候认字很快，在父亲的鼓励下，对学习产生了浓厚的兴趣。由于私塾老师经常体罚学生，这让父亲很心疼。于是他四处打听，终于找到一位家住荡口镇的名师。钱承沛为此将全家迁至荡口镇。后来老师因为生了病，没有办法上课。学生经常在课上打斗，钱承沛为避免儿子受到这些学生的影响，又举家再次搬迁。后来因为找不到好老师，钱承沛就自己教儿子学习。

钱穆晚年时对那段自由的读书时光很是难忘，认为这为他后来选择中西文化比较的科目奠定了基础。

与优秀的人相处，刚开始的时候，因为优秀的人比你强很多，可能会使你感到有一些负担和压力，但不久之后，你就会发现自己在各方面的才能都会有很大的提高，并且渐渐开始接近优秀的人的水平。著名网球明星康诺尔就曾以简短的几句话道出了他成功的秘诀："我和杰出人士在一起，会让自己变得更强大。"

优秀的人比起常人来最突出的地方，就是他们的自律。而和自律的人交往，得到的效果，绝不仅仅只是一加一等于二这么简单，优秀的人会以榜样的力量提醒你要努力，要进步，这样你慢慢也会变得优秀。所以说，赢家周围都是赢家，因为赢家有足够的自信让自己更优秀，他们认为只有与自己匹敌的高手为伍，自己才能获得更多的胜利，走更远的路。

当然，任何事物都有两面性。与人交往也一定要谨慎。不同的职业或背景，会造就不同的习惯和性格。比如，军人多庄重严肃，文人多文质彬彬，商人多精打细算。

总之，事业成功的人一定要结交比自己优秀的朋友，如此才能不断地使自己力争上游。就像和伟大人物在一起，你会受到良好的熏陶，会有大的成绩；和卑琐的人在一起，你的品位会下降，更不会有大的进步。所以，向最好的人学习，做最好的自己，借他人之智，自己努力，成就自己的好人生，这是真正的成功之道。

有这样一个小故事。李嘉诚的司机给李嘉诚开车开了30多年，准备退休，李嘉诚看他兢兢业业干了这么多年，为了能让他安度晚年，拿了200万支票给他，司机说不用了，一两千万自己还是拿得出来的。

李嘉诚很诧异，问："你每个月只有五六千收入，怎么能存下这么多！"

司机回答说："我开车时您在后面打电话的时候说买哪个地方的地皮，我也会去买一点，您说要买哪支股票的时候，我也会去买一点，所以，到现在已经有一两千万的资产了！"

这位司机既细心又睿智，他给首富开车的过程中利用首富的智慧为自己的人生加了商机和增值机会！

这个故事的真伪性我们不去甄别，但它很简单的说明了这样一个普通的道理，那就是：你是谁不重要，你和什么样的人在一起很重要！

人生就是这样，想和优秀的人在一起，你就会变得优秀。

和优秀的人常来往，不仅能让你有优秀的思维，甚至能改变你的成长轨迹，决定你的人生走向。当然，和什么样的人在一起就会有什么样的人生这句话可能有些绝对，但和优秀的人在一起，好处益处多多是没错的。因为，与优秀者同行，加上你的努力，你真的会不同凡响。

善借资源实现目标

《塔木德》中说："聪明人都是通过别人的力量，去达成自己的目标。"犹太人善于借助他人之力实现自己目标的例子太多了，因为他们知道，一个人的力量是有限的，只有借助其他人的力量，才能事半功倍，实现目标更容易、更快捷。

犹太人还认为，不管一个人的能耐有多大，他的智慧和才华也是有限的，唯有借助他人的智慧，取长补短，为己所用，才能弥补自己不足之处。因而无论是商人、外交家、科技人才，还是其他领域的犹太精英，他们在事业中都会善借他人之力他人之势，以达自己的目的。

一位犹太出版商有一批滞销书，但他苦于找不到销售方法。一次，一个主意冒了出来——给总统送一本，他想到做到，很快给总统送了一本。此后，这个出版商三番五次去找总统征求对此书的看法。忙于政务的总统哪有时间与他纠缠，几次后随口而出："这书不错。"出版商一听十分高兴，回家后便大做广告："现有总统喜爱的书出售。"不久，这批书就销售一空了。

后来，这个出版商又有了卖不出去的书，他便又送了一本给总统。总统鉴于上次的教训，想奚落他，就说："这书糟糕透了。"出版商听后，灵机一动，回去又做广告："现有总统讨厌的书出售。"结果，很多人出于好奇争相抢购，书又销售一空。

第三次，这个出版商又将一本书送给总统，总统接受了前两次教训，便不予回答而将书弃之一旁，出版商看后回家大做广告："有总统难以下结论的书，欲购从速。"结果，这批书居然又被一抢而空。总统知道后哭笑不得，这个出版商却大发其财。

故事中的这个商人就是善于动脑、善于借力借势的人，他的书不管怎样他都能挣到钱。可见，借用资源是成功商人的"拿手好戏"，只要肯动脑筋，总是能够成功。

现今，人们每天都会面对新知识、新事物，此时千万别将头脑密封住，要勇于接受新知识、新事物，并开动脑筋，这样才会有新创意，也许一个新的创意，就能让人们从中获得不少启示，从而提高业绩，改变命运。

著名的希尔顿从被迫离开家庭到成为身价5.7亿美元的富翁只用了17年的时间，他发财的秘诀就是善于借用资源经营自家公司，然后不断地让旧资源变成新资源，最后他成为了全部资源的主人——一名亿万富翁。

希尔顿年轻的时候特别想发财，可是一直没有机会。一天，他正在街上转悠，突然发现整个繁华的优林斯商业区居然只有一家饭店。他就想：我如果在这里建一座高档的旅馆，生意准会兴隆。于是，希尔顿认真研究了一番，觉得位于达拉斯商业区大街拐角地段的一块土地最适合做饭店用地。希尔顿调查清楚了这块土地的所有者是一个叫老德米克的房地产商人之后，就去找他。老德米克给希尔顿开了个价，如果想买这块地皮就要掏30万美元。

希尔顿不置可否，却请来了建筑设计师和房地产评估师给"他"的饭店进行测算。其实，这不过是希尔顿假想的一个饭店，他问建造商他设想的那个饭店造价需要多少钱，建筑师告诉他起码需要100万美元。

当时，希尔顿只有5000美元，他想尽办法，成功地用这些钱买下了一个小饭店，并不断地使之升值后卖掉，不久他就有了5万美元，然后他找到一个朋友，请他一起出资，两人凑了10万美元。当然这点儿钱还是不够购买老德米克的地皮，离他自己设想的那个建饭店目标也相差很远。许多人听说了希尔顿的想法后，认为他简直是痴人说梦。

但希尔顿不这样想，他再次找到老德米克，签订了买卖土地的协议，土地出让费为30万美元。就在老德米克等着希尔顿如期付款的时候，希尔顿却对老德米克说："我想买你的土地，是想建造一座大型饭店，而我的钱只够建造一般的饭店，所以我现在不想买你的地，只想租借你的地。"

老德米克有点儿发火，不愿意和希尔顿合作了。但希尔顿却认真地对他说："如果我可以只租借你的土地的话，我的租期为100年，分期付款，每年的租金为3万美元，你可以保留土地所有权，如果我不能按期付款，那么就请你收回你的土地和这块土地上所建造的饭店。"老德米克一听，转怒为喜，世界上还有这样的好事，30万美元的土地出让费虽没有了，却换来270万美元的未来收益和自己土地的所有权，还有可能包括土地上的饭店。于是，这笔交易就谈成了。希尔顿第一年只需支付给老德米克3万美元，而不用一次性支付昂贵的30万美元，也就是说，希尔顿只用了3万美元就拿到了应该用30万美元才能拿到的土地使用权。然而，虽然希尔顿省下了27万美元，但是与建造饭店需要的100万美元相比，还是有很大的差距。

于是，希尔顿又找到老德米克："我想以土地作为抵押去贷款，希望你能同意。"老德米克非常生气，可是又没有办法。

就这样，希尔顿拥有了土地使用权，从银行顺利地获得了30万美元，加上他已经支付给老德米克的3万美元后剩下的7万美元，他就有了37万美元。可是这笔资金离100万美元还是相差得很远。于是希尔顿又找到一个土地开发商，请求开发商和自己一起开发这个饭店，这个开发商给了希尔顿20万美元，这样希尔顿的资金达到了57万美元。

1924年5月，希尔顿饭店在资金缺口已不太大的情况下开工了。但是当饭店建到了一半的时候，希尔顿的57万美元已经全部用光了，希尔顿又陷入了困境。这时，他又来找老德米克，如实介绍了资金上的困难，希望老德米克能出资，把建了一半的建筑物继续完成。希尔顿说："饭店一完工，你就可以拥有这个饭店，而我只是经营饭店，我每年付给你的租金最低不少于10万美元。"

这个时候，老德米克已经被套牢了，如果他不答应，不但希尔顿的钱收不回来，自己的钱也一分都回不来了，他只好同意。而且最重要的是自己并不吃亏——建希尔顿饭店，不但饭店是自己的，连土地也是自己的，每年还可以拿到10万美元的租金收入，于是老德米克同意出资继续完成剩下的工程。

1925年8月4日，以希尔顿名字命名的"希尔顿饭店"建成开业，希尔顿的人生开始步入辉煌时期。

希尔顿就是用"借"的办法，以5000美元在两年时间内完成了他的宏伟计划，不能不说他是善于"利用"别人的高手。其实这样的方法"说穿了"也十分简单：找一个有实力的利益追求者，想尽一切办法把他与自己的利益捆绑在一起，使之成为一个不可分割的共同体，让对方协助自己实现目标。

不论是商界、政界还是科技界的成功者，大都是善于借用别人之"势"、巧借别人之"智"的高手。人从事事业，哪有一跃而成的事情？犹如每株植物，都需要阳光、空气、水分及土壤才能逐渐成长，农夫也必须天天辛勤地浇灌、耕耘，才能获得收获。

美国前国务卿基辛格，他在处理白宫内的事务时，就是一位典型的巧于借用别人力量和智慧的能手。基辛格有一个惯例，凡是下级呈报来的工作方案或议案，基辛格先不看，压上几天后，把提出方案或议案的人叫来，问他："这是你最成熟的方案（议案）吗？"对方思考一下，一般不敢肯定是最成熟的，只好答说："也许还有不足之处。"此时，基辛格就会叫他拿回去再思考和修改得完善些。

过了一段时间后，提案者再次送来修改过的方案（议案），此时基辛格把方案看完了，然后问对方："这是你最好的方案吗？还有没有比这方案更好的办法？"这又会使提案者陷入更深层次的思考，于是把方案拿回去再研究。

就是这样反复让别人深入思考研究，达到自己所需要的目的，这是基辛格治政的一个高招儿。

借助他人的智慧，帮助自己达到目的，这是"借"的技巧。在现代社会，经济迅速发展，各行业各部门之间的竞争非常激烈，单靠一个人的能力是很难取得成功的。因此，群策群力，依靠大家的力量和智慧，才能更轻松地实现目标。

犹太人是做生意方面的专家，他们懂得如何借力借势去实现自家的经营目标，赚取更多的财富。比如，一个犹太人在一条街上开了一家餐馆，另一个犹太人则会选择开一家洗车店或是娱乐场所，而绝不会再开一家餐馆。因为开车去餐馆吃饭的人吃完饭后顺便也会洗洗车，而专门去洗车的人也会因为有吃饭的需求而去餐馆；或者人们吃完饭之后需要放松，抑或是玩累了之后肚子饿，继而选择去餐馆吃饭。犹太商人就是这样，互相借力借势，共同赚钱，避免了同时开餐馆带来的竞争压力。

世界上第一条牛仔裤的发明者利维·斯特劳斯也是犹太人，他是1849年美国加利福尼亚州著名的淘金潮中的一员，但他并没有因黄金发家，而是借助这股淘金潮最终以发明牛仔裤发了家。

利维·斯特劳斯发现大强度的劳动使得矿工们的衣服极易磨损，人们迫切希望有一种耐穿的衣服，在这种背景下，他决定放弃竞争激烈的淘金工作，独辟蹊径，最终发明了坚实、耐用的牛仔裤来满足矿工们的衣着耐固需求。

"好风凭借力，送我上青天。"虽然斯特劳斯没有赚到采掘金矿的钱，但却赚到了比淘金更多的钱。

犹太人常常借助别人的力量，将自己的能力发挥到最大效果。很多犹太商人还有一个共同特点，就是善于发现商机和拥有识人的眼光。

犹太企业老板也会把每一个员工的力量和智慧淋漓尽致地发挥出来。所以，善借他人之力，除了弥补自己短板，还能达到事半功倍的效果，何乐而不为？

巧借平台乘势发展

　　《塔木德》中说："没有能力买鞋子时，可以借别人的穿，这样比赤脚走得快。"犹太人认为，做事不仅要实干而且要巧干，巧借东风善用别人的平台调兵遣将，以最小的成本做成自己最大的买卖，以此来获得最大的收益不失为成功的一个捷径，也就是说要善于借用别人的平台，顺势造势，达到借力使力的目的。

　　石油大王洛克菲勒早期和同行业的竞争者相比实力很弱，如果和对手正面竞争的话，不一定能够获胜，但他最终巧妙地借用第三者——一位铁路霸主的平台，以低廉的运输价格挤垮了同行，最终实现他"小鱼吃大鱼"的愿望。比尔·盖茨，也是因为借用IBM的平台才逐步建造了自己的软件帝国。

中国古话说："与其待时，不如乘势"。乘势是成功的一个主要因素，乘势在军事上表现为四两拨千斤，在商场上就是一笔巨大的财富。有很多商人凭借乘势一夜之间成为百万富翁，也有很多商人不会乘势，只能眼睁睁地看他人发财，坐失良机。

综观世界商业发展史，许多商贾巨富，开始的时候都是身无分文的人，但他们到底是怎样发起家来的呢？看看他们的传记就知道了，他们大多是靠借他人平台发家的。

其实，借平台是商业的最高境界。借平台也是一门高深的学问，一个人长时间在一个地方和一个领域待着，思维很容易会固化，眼里只有自己的一亩三分地，干不成大事，而巧借平台，不仅能走出来，还有大发展，自己的思维也会无限扩大。

很多年前，阿迪·达斯勒兄弟俩在母亲的洗衣房里开始了制鞋业。他们边制作边出售，销售情况良好。兄弟俩视质量为他们的生命，不断地在款式上创新。他们不厌其烦地根据每位顾客的尺寸、脚形制鞋，让每一双鞋都能满足消费者的需求。由于他们实施了种种有利于顾客的经营方式，兄弟俩的家庭制鞋作坊发展得很快，没几年时间就扩展为一家中型的制鞋厂。

在1936年的奥运会来临之前，兄弟俩发明了短跑运动员用的钉子鞋。为了打开自己产品的销路，他们派人打探参赛运动员的情况，在得知美国短跑运动名将欧文斯很有希望夺冠的消息后，便无偿地将钉子鞋送给欧文斯试穿，后来欧文斯果然不负众望在比赛中获得了4枚金牌。欧文斯穿的钉子鞋一举成名，阿迪鞋厂的新产品成了国内外的畅销货，阿迪鞋厂变成了阿迪公司，此后专营各种体育用品，但是传统的也最著名的产品仍是足球鞋，这些球鞋在世界各个国家都非常受欢迎，阿迪达斯几乎成为了足球鞋的代名词。后来，阿迪公司仍然借用奥运会运动员的宣传推出自己的品牌。

阿迪公司后来还发明了可以更换鞋底的足球鞋，他们把此新产品无偿送给了德国足球队。1954年世界杯足球赛在瑞士举行。不巧，比赛前下了一场雨，赛场非常泥泞，匈牙利队员在场上踉踉跄跄，但穿着阿迪达斯球鞋的联邦德国队却健步如飞，并第一次获得了世界冠军。至此，阿迪达斯名震全球，成为世界制鞋业的王者。

阿迪达斯公司正是靠着奥运会和参赛的金牌得主们而获得了品牌上的成功，而且更为绝妙的是，他们借冠军的声名宣传自己，为公司的声势和品牌形象造势。阿迪达斯公司甚至不惜花大代价找顶级运动员或潜在的金牌得主穿上阿迪达斯公司的鞋做形象，此举是"项庄舞剑，意在沛公"。运动员们在大赛中穿着阿迪达斯鞋，实际上就是给阿迪公司的鞋子做活广告，一方面可以说明阿迪达斯的鞋子适合运动员穿，质量很好；另一方面也暗示了穿阿迪达斯鞋子可以帮助运动员在比赛中夺得冠军。

阿迪达斯公司巧妙地借用了奥运会和奖牌得主们这一平台，使得阿迪达斯的鞋成为世界制鞋业的王者。至今阿迪达斯的鞋仍享誉全球，阿迪达斯公司也成功地占有了全球大部分鞋类市场。

当没有平台时，要善于借用或善于利用他人的平台，这样能使你在成功发达之路上走得更快些。经商成功的捷径就是将别人的平台最大限度地变为己用。很多成功的商人在商战中举一反三、触类旁通，使自己最大限度地减少投入成本，而获取最大的收益。

无论是一个国家的经济发展，还是一个人的商业经历，都会有一个初期资本积累的过程。在初期无资金无技术无名气的情况下，建立信誉和品牌，就需要用智慧巧借别人的平台来搭建自己的事业，最终实现资本的积累和成长。

有人说经营任何事业不可能一步"登天"，但是"登天"有办法，而且方法是多种多样的，比如，借用别人的平台，善用别人的平台就是绝好的方法之一。《塔木德》中还有一句话："开锁不能总用钥匙；解决问题不能总靠常规的方法。"即说明人要具备借力思维，即借各方资源、各方智慧、各方力量，达成自己目的。

历史证明：凡成大事者，都是借力乘势的高手，敢借，能借，会借，善借，自然借出一片新天地！

值得注意的是，借资源最重要的是要善用资源，如果你不能正确使用他人的资源，纵使有黄金之台铺在你的脚下，你的成功之路也不会畅通。

朋友是路，多多益善

《塔木德》中说："朋友是路，越多越好。"中国俗语说：一个篱笆三个桩，一个好汉三个帮。说明朋友多"好办事"。事实证明：几乎所有百万富翁的共性之一就是擅长交际，因为他们知道，自己认识和认识自己的人越多，他们在事业上的机会就会越多，好运也会越多，因为多个朋友多条路，多个敌人多堵墙。所以，要想在事业上有大发展，一定要广交朋友，善于寻找能帮助自己的"贵人"。

　　美国老牌影星柯克·道格拉斯年轻时落魄潦倒。包括许多知名大导演在内，没有人认为他会成为明星。有一回，柯克·道格拉斯乘火车出行，他的旁边坐着一位女士，漫漫旅途，时间难以打发。于是，柯克·道格拉斯便主动与身边的女士攀谈起来，没想到这一聊就聊出了一个重大机会，从此，柯克·道格拉斯的人生开始改变。没过几天，柯克·道格拉斯被邀请到制片厂报到。原来，火车上的那位女士是位知名制片人。从此，柯克·道格拉斯因为结交了这位女制片人，找到了可以"遮阳的大树"，获得了一个良好的展现表演才能的机会，就此，一切美梦成真。

　　你或许会觉得你的同事在水平、人品各个方面都和你不相上下，甚至有的地方还不如你，但为什么他们可以有那样的好机会，而你却没有呢？很可能就是因为有人赏识他们！但为什么赏识的偏偏是他们呢？因为他们给了"伯乐"展现自己才华的一面，以至于他们的后面长出了有一棵"大树"，帮他们"遮风挡雨"，为他们谋取获得升职加薪的机会！

　　由此看来，要想成就一番大事业，单靠自己一方面的力量是不够的。在自己力量薄弱时，就要善于借助"大树"的力量，寻找"大靠山"。而借助"大树"的帮助可能会给自己开辟一片新天地，这不仅仅是谋略，也是一种成功经验的智慧产物。人找到"大树"的好处在于：容易脱颖而出，缩短奋斗的时间，在困难时"有所庇护"。

法国小说家莫泊桑是19世纪著名的批判现实主义作家。他的《羊脂球》《俊友》和《项链》等许多优秀作品，至今广为流传。

小时候的莫泊桑是个调皮捣蛋的学生，曾因盗窃被学校开除。后来，文学巨匠福楼拜发现了莫泊桑的文学天赋，并将他引向文学的"正道"，莫泊桑因此得以留名千古。福楼拜可以说是莫泊桑依靠的那棵"大树"。

莫泊桑，出生于法国北部的诺曼底。父母在他幼年时分居，由母亲将莫泊桑和弟弟抚养成人。因为母亲爱好文学，莫泊桑幼年时期的环境有很浓厚的文学气氛。文学巨匠福楼拜与莫泊桑的母亲是幼时很好的朋友，长大成人后，他们常常在一起谈论文学方面的问题。

十几岁时，莫泊桑考上了易北特神学院。母亲希望他成为一名牧师。可是莫泊桑却没有当牧师的愿望，他在上学时因为偷了一个神父的酒喝而被学校开除了。

普法战争结束后，莫泊桑服兵役来到巴黎，先后担任海军部和文化部的公职。在此期间，他去拜访了母亲的老朋友——著名作家福楼拜，并成为福楼拜的正式学生。

福楼拜以一部《包法利夫人》奠定了自己在文坛的地位，他一直想找一个有培养前途的"高足"。而莫泊桑则一直想找一个德高才高的恩师。两人在彼此的渴望中相遇，结为师徒也就很自然了。此后在福楼拜的指导下，莫泊桑开始勤奋写作。7年中，每逢星期日，莫泊桑都会带着诗稿、剧本和小说来向福楼拜求教，当面看恩师如何修改他的稿子。

福楼拜教给莫泊桑达到文学成就的三重定理：观察、观察、再观察。1880年，30岁的莫泊桑发表短篇小说《羊脂球》，这部作品受到了福楼拜极大的赞赏，从此，莫泊桑在法国文坛站稳了脚跟。又过了3年，莫泊桑的《一生》发表，得到俄国大作家托尔斯泰的肯定，成为全球当红的作家。

虽然莫泊桑因病早逝，只活了43岁，但他却创作了6部长篇小说、3部游记和270篇短篇小说，在世界文坛史上有很高的地位。莫泊桑的成功，显然是受益于恩师的点拨与提携。试想，如果没有福楼拜这棵"大树"的引导和悉心指教，莫泊桑很难取得如此成就。

所以，当我们实力不强或技艺欠缺时，寻找"大树"还是十分有必要的。有些人认为只要自己出类拔萃，无须他人的帮助，照样能脱颖而出。其实，这种观点是片面的，有"大树"就像牛顿说的"站在巨人的肩上"，节省下来的时间还可以帮助我们继续取得更多的成就。

人在职场，身不由己，但有一点可以做到，就是编织自己的"人脉网"，选择自己的"贵人"。任何一位能够在人生道路上给予你帮助和鼓励、影响你人生路线走向的人都可以被视为"贵人"。"贵人"可以是你的上司，可以是你最要好的朋友，也可以是你的同学、亲属，甚至可能是一位萍水相逢的人。很多"贵人"就在你身边，只要你有一双善于发现的眼睛。

年轻的寿险推销员杰克来自贫困家庭，他没什么朋友。而华特是一位很优秀的保险顾问，拥有着许多非常赚钱的商业渠道。

华特生长在富裕家庭中，他的同学和朋友都是学有专长的社会精英。杰克与华特的世界本来是互不相交，所以他们在保险业绩上也是差距很大。杰克不知道该如何建立自己的人脉资源，如何与来自不同背景的人打交道。一个偶然的机会，杰克参加了开拓人际关系的课程训练，受课程启发，他开始有意识地和在保险领域颇有建树的华特联系，并且和华特建立了良好的私人关系。最后，他通过华特认识了越来越多的人，华特这个"贵人"帮助杰克最终将事业上的新局面打开了。

大人物往往是有实力的人，他们掌握着和操纵着某一领域的话语权，有着广泛而深刻的影响力。借助大人物的势力，你能快速地提升自己的地位和声誉。在现代社会，这种手段也常在政治、经济、文化以及外交等领域广泛运用，而且大有日趋扩展之势。所以，开拓人际交往，借助他人之力不失为一种扩展人脉、提高自身形象的好方法，也是扩大自己影响的好策略和好技巧。

被社会承认，是人的正当追求，对社会进步也有积极意义，而借助"名人"的名声提高自己的社会知名度，是被社会所承认的方式之一。由于"名人们"大多高高在上，不是一般人容易接近的，因此，与"名人""搭上线"，借他们之势就很重要。

史坦芬·艾勒有一句话可以帮助我们："把鲜花送给'实力人物'身边的人，即使他们只是你心目中的小角色。""大人物们"身边的司机、秘书、爱人，甚至是尚处于弱冠的小孩子，也是不可"放过"的，因为结交他们可能会有与"大人物"交往的机会。人与人之间只要有了情义和信任，就会带来双赢的效益。因为，"大人物"身边的有些"小角色"，也许会在某个关键时刻能影响你的前程和命运，所以，对"大人物"身边的人不容轻视，一定要把握住这份关系，用尽方法得到他们的支持。

总结起来，要寻找对自己有帮助的"贵人"，要注意以下几点：

1. 找有声望的人。

声望是一个人在他所处的环境之中逐渐积累起来的、为众人所仰望的名声。声望并非是指某些人家世显赫或地位超绝，获得好声望实际上要花费漫长的时间，更需要具备一定的本领和能力才能得到。有很多高声望的人，大多具有渊博的知识，令人钦佩的品质，突出的技能，或是在某一方面有所作为，这种人在他们所处的环境中通常拥有极高的领导力和号召力。

所以，找有声望的人，尤其是声望颇高的人做"靠山"，能够大大增添你的个人魅力。因为，能够得到有声望的人的"看重"，会给别人以"他在某方面有过人之处"的印象。而且，经常与有声望的人接触，不但会吸引众人的目光，让你在人前的"上镜率"增高，而且还能借助对方的声望去结识一些显赫的人，对你今后的发展大有好处。

2. **找有能力的人。**

能力是一个人能够胜任某项工作所具备的客观条件，能力大都是通过后天的努力慢慢锻炼出来的。一个人能力的高低，决定了他在工作岗位上所处的地位。有能力的人，其决策能力、专业技术能力、人际交往能力等都要强于一般人。也正是因为他们的能力，他们会有着广泛的人脉，所以，找有能力的人做"贵人"，你也会得到更多的机会。

3. **找有进取心的人。**

进取心是一个人努力向前、立志有所作为的精神，是一个人若要取得成绩就必须具备的优良品质之一。拥有进取心的人，他们的思维方式大都积极向上，有目标和有自己的理想。他们希望得到成功，也愿意为成功付出努力。而和有进取心的人在一起，他们积极向上的精神能够时刻感染你，让你在懒惰懈怠的时候打起精神；在你迷茫无措的时候，会为你提出积极的建议。

所以，找有进取心的人为"依靠"，为"贵人"，能使你时刻保有积极乐观的心态和永不懈怠的斗志，这些都是取得成功的必备条件；还有些有进取心的人可以和你是并肩作战的伙伴，你们一路互相鼓舞，互相激励，最终在成功之路上齐头并进，会因为一路结下的友谊以及对你的了解而和你成为好朋友。

4. 找与自己有相同观点的人。

"道不同不相为谋"，是古人的名训，意思是观念想法等相悖的人，就无法在一起共事。"道"在这里的意思比较广泛，既可以是志趣、志向，也可以是思想观念和学术主张。

司马迁在《史记》中写道：世上学道学的人不屑学儒学，学儒学的人也不屑学道学，这是因为两种不同思想之间的差异，使得人们在为人处世的时候抱有不同的态度，而态度的不同又使他们做事的方法不同。因此，持有不同观念的人，往往会产生意见的分歧，平日里还好，一起共事的时候，就很难和谐相处了。

而找与自己有相同观点的人，正是为了避免在日后的交往、合作中产生矛盾，或产生矛盾，也能通过求同存异解决。

总之，我们寻找"贵人"时一定要找比自己优秀的人。选"贵人"就如同找导师，他不仅仅是你人生旅程上的帮助者、指引者乃至提拔者，更是你的良师益友，你奋斗的目标。

见贤思齐，是中国的一句古话，即找一个"贵人"，不但会使你在人生路途上获得成功，而且会让你自身更为完善。

合作是发展的前提条件

《塔木德》中说："人脉就是金钱的矿脉。"可见，广交朋友是合作的基础，合作的终极目标是发展壮大自己。

犹太人中流传着这样的一个故事：

寒冷的冬天，一个卖面包的人和一个卖被子的人同到一个破屋中躲避风雪，天晚了，卖面包的人觉得很冷，卖被子的人觉得很饿，但他们都相信对方会有求于自己，所以谁也不先主动开口。

过了一会儿，卖面包的人说："吃一个面包。"

卖被子的人说："冷，盖上一条被子。"

又过了一会儿，卖面包的人又说："再吃一个面包。"

卖被子的人也说："还冷，再盖上条被子。"

就这样，卖面包的人不停地吃面包，卖被子的人不停地盖被子，谁也不愿意向对方求助，到最后，卖面包的人冻死了，卖被子的人饿死了。

这个故事告诉我们，只有与别人合作才能更好地生存、发展。然而在生活中，面对类似的问题，偏偏就有人想不通，看不开，奉行"人若敬我，我便敬人；人若予我，我便予人"的单打独斗主义，一定要先等对方请了一顿饭之后，才肯回对方一张音乐会的入场券；还有的人只想得到不想付出，自私自利到极致。如果人人都将这种态度带到社交中或工作场合，很容易使一切陷入僵局。

比如，职场中，有些人有一技之长，却防备他人；还有些人的想法是：如果老板给我加薪，那么我就会把工作做得好一些，但是老板没有给我更多的钱，我就自己减少一点儿工作量，这些人没有明白，工作的目的是自己和老板的双赢，藏技以及看价干活儿其实都是私心作祟。

　　精明的犹太人绝不这样。犹太人在人际交往和商业经营活动中，从来不会只看自己眼前利益，他们广交人，多方寻找合作方，认为合作才能获取更大利益，他们不仅自己发展，还保证让对方赢利，也就是说，犹太人做生意的原则是：一笔生意，双方赢利。他们认为，合作既然是个人或群体相互之间为达到某一确定目标，彼此通过协调作用而形成的联合行动，那么，在合作中双方或多方的目标就是共同的，所取得的成果也应是共享的。

　　犹太人罗道夫，曾认为竞争对手是冤家，只有击毁对手才能够生存。为此，他在做生意时只顾自己发展，斤斤计较，对自己有利的他去干，无利的丝毫不顾及合作者，当别人纠正他：做生意，应该和平竞争，互相帮助、互相推动、共同发展，才能达到双赢或多赢的效果，这是做生意的原则时，罗道夫理也不理。

　　许多合作伙伴与罗道夫分道扬镳，从此罗道夫在生意场上屡屡失败。经过这样的打击后，罗道夫清醒过来了。他开始反思，并纠正了自己的错误观念，善待合作者以及所交的朋友，此后每做一笔生意，他都先考虑怎样能够获取双赢和多赢的效果。这样过了几年，罗道夫公司的产品在市场上站住了脚，公司也成了著名的公司。

商人创办公司、经营公司就是想要赚钱，但通过罗道夫的故事我们可以看到，做生意如果只是为了自己的发展，不与合作伙伴为实现双赢而精诚合作，就不会有大的发展，甚至会失败。

所以，犹太人在发展事业中，在与人交往时，不做单赢生意，因为他们认为：

第一，在市场竞争中，谁都想胜不想败。参与市场竞争的各个公司都是相互的"敌手"，这些公司在彼此竞争中带有自己产品的独特性、保密性。倘若市场不能容纳全部竞争者时，每个企业都想保存自己而消灭他人；即使市场能容纳下全部竞争者，每个企业也还是想以强敌弱。这种单纯的单方面赢实际上会导致企业发展缓慢，而双赢不仅能保存自己和他人的实力，还能实现1+1>2的效果。

第二，公司为了赚钱，总想独霸市场，一心想着挤垮同行。商人们在处理与同行的关系上，信奉的是"同行是冤家"，造成"三十六行，行行相妒"。然而，这种关系长期下去会使企业不能持续发展，因为竞争的目的是为了相互推动，相互促进，共同提高，一起发展，总是互相拆台，争权夺利，实际上公司长久不了，商人慢慢地就会成为"孤家寡人"。

第三，虽然竞争公司间有点儿像战场上的"敌手"，但并不是非要挤垮对方才能获得发展。公司间的竞争手段必须是正当合法的，而"双赢"的策略，正是在合法条件下使自己和合作者利益最大化的最佳方法。

第四，市场竞争是激烈的，同行业的公司之间的竞争更为激烈，但有竞争关系的公司也可以联手合作。从某种意义上讲，公司之间完全可以做到相互帮助、支持和谅解，公司之间应该是合作伙伴关系，友善相处，平等竞争。这就好比两位武德很高的拳师比武，一方面要分出高低胜负，另一方面又要互相学习和切磋，胜者不傲，败者不馁，通过比武探讨技艺，共同提高。

现代社会瞬息万变，此时可能对甲公司有利，眨眼间就可能变得对乙公司有利。所以，作为商人、公司老板应"风物长宜放眼量"，不可"一时胜负论英雄"，更不可因一时失利迁怒竞争对手。

人生中大部分的朋友都是在谋取共同利益的过程中结交的，利益越一致，关系越深厚。尽管人与人之间有各种矛盾，但利益的凝聚力会使双方不断去磨合、去修复，去自动寻求平衡。所以，懂得先利人再利己、双赢能让彼此的关系越来越紧密的道理十分重要。

有一个农村老头，他决定让儿子成为不平凡的人。于是，这个老头找到美国当时的首富——石油大王洛克菲勒，对他说："尊敬的洛克菲勒先生，我想给你的女儿找个丈夫。"洛克菲勒说："对不起，我没有时间考虑这件事情。"老头说："如果我给你女儿找的丈夫，也就是你未来的女婿是世界银行的副总裁，可以吗？"洛克菲勒同意了。然后，老头又找到了世界银行总裁，对他说："尊敬的总裁先生，你应该马上任命一个副总裁！"总裁说："不可能，我这已经有很多的副总裁了，我为什么还要任命一个副总裁呢，而且必须马上？"老头说："如果你任命的这个副总裁是洛克菲勒的女婿呢？"世界银行总裁立刻爽快地答应了。

这虽然是个笑话，但很多生意就是这样谈成的——因为给对方提供了利益，所以到最后自己也能收获大的利益。人际交往的实质是什么？就是利益交换。在这个竞争激烈的社会中，我们一定要抛开"个人利益就是所有"的陈旧观念，要努力在双赢中寻求发展，这样不仅有很多的合作模式，最后也能得到双赢的结果。

日本松下公司董事长松下幸之助常说："每个人都拥有不同

的智慧及无可限量的潜能，当大家对此有所了解，并同心协力开发时，就能为社会带来繁荣。"

松下幸之助的创业是从对电灯泡的研究开始的。当时，日本正处于经济危机时期，为摆脱困境，他亲自拜访了冈田电池公司董事长。二人商定，双方免费给顾客赠送一万只电灯泡和一万对干电池，联合进行产品宣传。此举的广告效应极为显著，无论是电灯泡，还是干电池，两家公司都接到了大量的订单，从而使两家公司都重振起了昔日的雄风。这一商战组合的胜利说明：只有合作，才能双赢。

当今世界，科技高度发展，社会分工越来越细，而人的智力、知识却总是有限的，这就更需要人们具有强烈的合作意识和合作习惯。

三国时赤壁之战的故事想必大家都耳熟能详，正是因为孙刘联军的精诚合作，让他们抛弃了以前的种种恩怨，联手抗曹，最终取得了战斗的胜利。

合作的力量是伟大的，能让合作的双方走向双赢。很多时候，人们往往偏爱于竞争，认为竞争能激发人的斗志与激情，忽略了合作，殊不知，合作带来的双赢会比竞争的成果更为丰硕。